무용소의 사사로운 아카이브 에세이

무
용
백
서

차례

작업실 7
길종상가 17
위스키 33
—— 인터뷰 48
스코틀랜드 65
—— 대담 82
하루키 101
김종관 113
서촌 129
아줄레주 141
보사노바 153
에디터 167

들어가는 말

고현 (무용소 운영자)

무용지대용(無用之大用). 쓸모 없음의 쓸모 있음을 설파한 장자의 말이다. 가령 쓰임이 요긴한 나무는 금방 베여 사라지지만, 쓸모 없는 나무는 한 자리를 오래 지키며 그늘을 만들어주어 쓸모가 된다는 이야기. 이는 무용소라는 이름을 지은 이후, 지인으로부터 전해 들었다. 어렴풋이 그런 공간이길 바랐던 것 같다. 소수의 사람들이 오가며 저마다의 쓸모를 찾는 곳이 되기를 바라는 마음.

무용소는 서촌 옥인동에서 만 4년의 시간을 보낸 뒤 운영을 중단한 상태다. 현재는 다음 장소로 이전을 준비하며 공간의 방향성을 모색하는 단계다. 낮에는 디자인 숍, 밤에는 위스키 시음실. 처음 무용소를 열었을 때 내세웠던 나름의 콘셉트였다. 공간을 운영하며 여러 상황들과 마주치면서 그런 콘셉트는 희미해졌고, 공간의 정체성도 알쏭달쏭하게 변모했다.

프리랜스 에디터로 일하면서 무용소를 운영하던 나는 이곳을 비정형 작업실이라 정의하고 드문드문 팝업 형태의 전시, 토크, 모임 등을 시도했다. 그러는 사이 공간의 정체성은 더욱 모호해졌고 끝내 명쾌한 답을 찾지 못한 상태로 운영을 중단하기에 이르렀다.

무용소의 지난 활동을 한 권의 책으로 엮기까지 무수한

고민이 들었다. 과연 이 책이 어떤 쓸모를 갖게 될까? 공간의 정체성도 불투명하고, 눈에 띄는 성취를 이룬 것도 아닌 한 장소의 기록이 누군가에게 의미가 될 지 의문이었다.

그럼에도 끝내 책을 만들기로 결심한 이유는 결국 무용소라는 이름으로 무언가를 계속 만들어 나가기 위해서다. 지나간 무용소의 한 챕터를 정리한 하나의 책이 다음 챕터에서 또 다른 쓸모가 될지도 모른다는 생각과 함께.

『무용백서』는 무용소의 지나간 시간을 정리한 아카이브 북이자 그간의 생각을 기록한 에세이다. 처음 작업실을 계약했던 설레는 순간부터 길종상가의 아이디어로 탄생한 가구 제작기, 위스키 시음실을 운영하며 겪은 우여곡절, 스코틀랜드를 주제로 한 사진 전시, 하루키를 쫓는 무모한 여정을 차례로 수록했다. 또 김종관 감독과의 남다른 인연, 서촌살이의 즐거움, 아줄레주 타일과 보사노바 음악에 매혹된 이유, 에디터의 관점으로 변주한 공간 운영까지, 총 10개의 키워드로 책을 구성했다.

무용소는 이 책을 시작으로 출판 활동을 시도할 계획이다. 지나간 공간이 그랬던 것처럼 출판 활동의 방향성도 명확하지는 않다. 다만 다음 챕터에서 펼칠 활동들이 쌓인다면 언젠가 『무용백서』 후속작을 만드는 날이 오지 않을까란 막연한 기대를 품어본다. 뚜렷한 목표나 성취가 없더라도 조금씩 자신만의 색채를 쌓아가며 쓸모를 찾는 것. 무용소가 전하고 싶은 이야기는 그런 것이지도 모르겠다. 부디 이 책이 누군가에게 자그마한 쓸모로 닿을 수 있기를.

작업실

어느 순간 나는 프리랜서 신분이 됐다. 잡지사 에디터로 매체에서 일을 할 적에 진중하게 미래를 고민하지 않은 업보란 생각을 자주 한다. 실상 에디터들의 직업 수명은 프로야구 선수만큼 짧다(프로야구 선수만큼 연봉을 받으면 좋으련만). 편집장 혹은 디렉터처럼 팀을 이끄는 위치에 올라가면 다소 수명이 연장될 수 있겠다. 또 매체를 옮기는 경우에 연봉이든, 직급이든 상승의 기회가 드문드문 찾아오기 마련이다. 나는 여행 잡지 에디터라는 직업적 속성이 꽤나 마음에 들었고, 제법 적성에 맞는다는 생각을 했다. 뻔하지 않은 여행지를 집요하게 들춰내는 〈론리플래닛 매거진〉이라는 매체에 애정이 있었기에 이직은 선택지에 두지 않았다.

그렇지만 한 잡지사에서 일평생 몸담는 일이 불가능하다는 사실을 오래 전부터 예감하고 있었다. 대략 10년 정도 채우면 되지 않을까 싶은 막연한 생각으로 일을 해온 것 같다. 그렇게 흘러가는 대로 〈론리플래닛 매거진〉에서 일한 지 8년차가 되었을 무렵, 뜻하지 않은 일이 연거푸 찾아왔다. 입사 이래 든든한 버팀목이었던 편집장님의 퇴사가

〈론리플래닛 매거진〉
토니 휠러 부부가 1972년 여행 안내서 출판사로 창립한 론리플래닛은 배낭여행자의 바이블로 통용됐다. 2008년 론리플래닛 매거진을 창간했고, 한국어판은 2011년 3월부터 2020년 12월까지 발행됐다. 현재 론리플래닛은 가이드북 발행을 유지하면서 온라인 서비스에 주력하고 있다.

시작이었다. 창간호부터 거의 만 10년을 채운 그야말로 매체의 산증인이 자리를 떠나게 된 일종의 사건이었다. 문제는 어쩌다 보니 편집부에서 가장 연차가 쌓인 내가 다음 편집장을 맡아야 하는 상황이었다. 이는 전혀 생각해보지 않은 일이었다. 뭐랄까. 불펜에서 몸을 제대로 풀지 않고 마운드에 오른 패전 투수가 엉겁결에 공을 이어받은 기분이었다. 2020년 1월의 일이다.

  연도에서 짐작할 수 있듯, 그 다음에 벌어지는 일들은 가히 블록버스터 재난 영화에 가까웠다. 편집장이라는 부담스러운 직책을 맡자마자 전례없는 코로나19로 인해 '팬데믹'이라는 단어가 연일 뉴스에 떠돌았다. 여행 업계는 그야말로 속절없이 패닉에 빠졌다. 국경은 폐쇄됐고, 여행은 커녕 평범한 외출 자체를 불안하게 여겨야 하는 시대가 '뉴노멀'이 됐다. 잡지 지면은 번역 기사나 '집콕 챌린지' 같은 쥐어짜낸 기획으로 채워야 했다. 그렇게 당황스럽고 불확실한 시기를 통과하던 중, 론리플래닛 영국 본사가 매거진 발행을 중단한다는 소식을 알려왔다. 라이선스 계약이 남은 기간 동안 잡지를 발행해도 된다는 단서를 달았지만, 유의미한 제안으로 보이지 않았다. 회사의 잡지 사업부가 사무실을 옮기고 조직을 개편하는 등 매우 혼란스러운 상황이기도 했다. 그렇게 2020년 5월 31일, 〈론리플래닛 매거진〉 편집부의 해체와 함께 퇴사를 하게 됐다.

  언젠가 이런 순간과 마주칠 거라 예감을 했지만, 전혀 생각해보지 않은 작별이었다. 한편으로는 잠시 쉬어가는 것도 나쁘지 않겠다는 생각도 들었다. 8년 가까이 쳇바퀴처럼 돌던 마감 사이클에서 해방되고 나니 일단 심신이 치유되는 듯했다. 그간 미뤄둔 일을 하거나 사람들과의 만남을 갖는 등 마음을 다독이며 분주하게 시간을 보냈다.

마침 아내도 이런저런 사정으로 재택근무를 하던 중이었다. 아내와 단둘이 보내는 시간이 생경하게 다가왔다. 그도 그럴 것이 그간 출장이니 마감이니 한 달에 함께 저녁을 먹는 날이 다섯 번이나 되었을까. 심지어 아내와 내 생일 모두 잡지 마감과 겹친 탓에 느긋하게 서로의 생일을 축하해본 기억조차 없다. 어쩌면 상대적으로 우리 부부가 원만했던 이유는 나의 주기적인 야근과 출장으로 인해 떨어진 시간이 길었기 때문이란 생각도 들었다. 마치 채무상환을 받은 것처럼 보상으로 주어진 아내와의 시간을 즐겼다. 요리도 하고, 저녁이면 산책도 다니고, 뭔가 여유를 누릴 줄 아는 선진국 부부가 된 기분이었다.

그러기도 잠시. 어느 순간 나의 하루는 덧없이 게으르게 흘러갔다. 아침에 일어나 커피를 내리고, 소파와 한몸이 되어 핸드폰을 뒤적거리고, 잠시 노트북을 켰다가 느지막이 밥을 먹고, 다시 소파나 침대에서 뒹굴고, 술 약속이 있으면 나가고, 집앞에서 어슬렁거리며 산책을 하고. 마치 생산적인 일을 하면 벌이라도 받는 사람처럼 누구보다 치열하게 무용한 시간을 보냈다.

더는 이렇게 지내면 곤란하다는 압박감이 슬금슬금 찾아왔다. 여행 잡지 에디터 일을 지속할 수 없는 상황이었고,

이직을 준비하거나 프리랜서로서 돌파구를 찾아야 했다. 그러다가 작업실을 구하면 뭔가 체계적인 프리랜서의 삶을 시작하게 되리라는 헛된 희망을 품기 시작했다. 일을 구하지 않고, 일하는 공간부터 찾겠다는 순서가 단단히 잘못된 오판이었다. 그 무모한 판단은 나와 아내의 터닝 포인트가 될 만한 일로 키워져 나갔다.

경솔한 판단과 함께 우리는 작업실 구하기 미션을 구상했다. 집구석에서 아내와 티격태격하며 무용하게 시간을 때우는 것보다 한결 생산적인 일을 시작한 기분이 들었다. 인생 첫 작업실이니 의욕은 한껏 충만했고, 틈틈이 모아둔 인테리어 잡지들을 들춰보며 행복한 상상회로를 돌리는 나날이었다. 잡지 에디터로 살아오면서 체득한 것 중에는 일단 저지르고 보는 추진력이 있었다. 불가능해보이는 인터뷰이 섭외도, 다른 매체에서 취재한 적 없는 낯선 곳으로의 단독 출장도 일단 시작을 해야 다음 단계로 다다를 수 있다는 단순한 진리. 여기에 마감 기한까지 정해져 있다면 어떤 식으로든 결과물을 도출하기 마련이다.

작업실의 목적은 단순했다. 디자인을 시작한 아내와 프리랜스 에디터로 무언가를 해야 할 내가 함께 일하는 공간. 10평 내외의 사이즈면 충분할 것 같았다. 무엇보다 좋아하는 동네에 작업실을 구하고 싶었다. 매일 출퇴근을 해야 할 테니 기왕이면 이번 기회에 좋아하는 동네에 머물러보고 싶었다. 여기에 아내는 한 가지 조건을 추가했다.
"볕이 잘 드는 곳이면 좋겠어." 순진무구한 두 아마추어의 작업실 구하기 미션이 그렇게 시작됐다.

먼저 좋아하는 동네 고르기. 내심 염두에 둔 지역이 있어 이는 쉽게 결정됐다. 바로 경복궁역 부근 서촌이었다. 직전 사무실이 평창동에 있었고, 우리 부부의 신혼집은 삼청동의 아담한 한옥이었다. 그런 연유로 매일 출퇴근할 때마다 지나친 서촌은 자연스레 우리의 생활 반경 안에 들어온 동네였다. 서촌은 주거지와 상업 구역이 적당히 혼재되어 있으며, 궁궐 인근 고도제한 덕분에 건물도 나지막하고 인왕산과 북악산 같은 자연과도 가까웠다. 서울 도심 한복판에서 서울답지 않은 고즈넉한 정취와 느긋한 속도의 라이프스타일 모두 마음에 들어 언젠가 한 번쯤 살아보고 싶었다. 무엇보다 삼청동이나 익선동 같은 인근 상권처럼 젠트리피케이션이 덜한 지역이라 임대료도 상대적으로 저렴해 보였다. 언젠가 서촌에 살아보리라는 생각과 함께 일단 작업실을 구해 출퇴근하는 일상도 꽤 괜찮을 것 같았다.

서촌으로 지역을 정하고, 본격적으로 부동산을 돌아보기 시작했다. 정말이지 아무런 정보도 개념도 없는 상태였다. 근생이 뭔지, 적합 업종이 뭔지 도통 모르는 백지 상태에서 그저 "볕이 잘 드는 작업실"이라는 모호한 조건을 말하면 부동산 사장님은 귀찮다는 표정으로 몇몇 사무실이나 상가를 소개해줬다. 처음 본 곳은 내자동의 3층 사무실. 작은 플라워 스튜디오로 사용하던 곳이라 볕은 분명 잘 드는데, 같은 건물 1층 중국집에서 음식 냄새가 올라왔고, 사이즈도 5평 남짓으로 다소 작았다. 부동산 어플도 매일 같이

주시했다. 마침 필운대로에 통유리로 된 주스 가게가 임대로 나왔다는 직거래 게시물이 올라왔다. 평소 자주 오가던 길이라 익숙한 곳이었다. 임대료 조건도 괜찮아 보였다. 아내와 나는 하루 정도 고민한 끝에 전화를 걸었다. "죄송해요. 이미 다른 분과 계약했어요." 아차 싶었다. 우리 눈에 좋아 보이면 남들에게도 마찬가지라는 것을. 괜찮은 곳은 오래 고민하면 사라진다는 사실도.

서촌의 온갖 부동산을 전전하기를 한 달째. 임대료가 저렴하면 뭔가 걸리는 하자가 보이고, 위치며 볕이며 여러 조건이 괜찮은 곳이면 임대료가 비쌌다. "월세가 조금 나가는데, 괜찮은 곳이 하나 있긴 해요." 부동산 사장님이 추천해준 곳은 옥인길의 한 카페였다. 단층 건물인데 내부는 한옥 서까래가 남아있는 곳. "여기는 일반음식점으로 허가가 난 곳이라 술집도 가능해요." 부동산 사장님이 덧붙인 한 마디가 유독 솔깃하게 들렸고, 우리의 작업실 구하기 미션에 나비효과를 일으켰다.

자그마한 위스키 바를 운영하는 건 나의 오랜 로망이었다. 언젠가 은퇴를 하면 좋아하는 동네에 좋아하는 위스키를 모아놓고 좋아하는 음악을 들으며 좋아하는 사람들과 한담을 나누는 바를 열고 싶었다. 그야말로 로망에 가까운 머나먼 일이라 여겼는데, 옥인동의 그 한옥 카페를 유심히 둘러보면서 뭔가 현실 속으로 끌어들일 수 있을 것 같았다. 월세는 당초 생각해둔 예산보다 높았지만, 상업적인 용도를 추가하면 어느 정도 충당할 수 있을 것 같은 무모한 확신에 차 있었다. 그간 체득한 것처럼 일단 저질러 보면 어떻게든 답을 찾게 될 것이다. 그리고 또 하나. 고민을 길게 하면 기회는 사라진다.

짧고 굵은 고민 끝에 옥인동의 한옥 카페를 작업실로 쓰기로 결정했다. 보증금을 높이는 대신 월세를 조금이나마 낮춰 계약을 했다. 계약 직전, 우리는 그곳의 콘셉트를 야심차게 정해 놓았다. 아내 또한 평소 편집숍을 운영해보고 싶은 로망이 있었다. 그리하여 낮에는 디자인 숍, 밤에는 위스키 시음실. 그러니까 그간 숱하게 찾아본 다른 작업실 레퍼런스 어디에도 없는 기이한 콘셉트의 공간을 만들어보기로 했다. 두려운 마음도 들었지만 일단 설레는 기분에 취해 있었다. 우리 두 사람의 로망을 실현해줄 작업실이 생긴 것으로 행복했다. 그렇게 순진무구한 두 아마추어의 작업실 구하기 미션이 일단락됐다.

2020년 8월 무용소로 사용하게 될 옥인 카페 전경.

작업실

길
종
상
가

2020년 8월 17일. 나와 아내는 서촌 옥인동의 6평 남짓한 상가 임대차 계약서에 사인을 했다. 내가 퇴사하고 불과 두 달만에 벌어진 일이었다. 어쨌거나 다시 출근할 공간이 생긴 셈이었다. 낮에는 디자인 숍, 밤에는 위스키 바로 변하는 콘셉트를 정하긴 했는데, 레퍼런스가 일절 없는 이 공간을 어떻게 채워야 할 지 사실 좀 막막했다. 일단 기존 카페 가구들은 모두 철거하기로 결정했다. 짙은 티크 컬러의 합판으로 짜맞춘 카페 가구들은 한옥 서까래와 제법 잘 어울렸지만, 새 술은 새 부대에 담아야 한다는 듯 우리의 공간을 다르게 꾸미고 싶었다. 막상 가구 철거를 마치고 텅 빈 공간에 들어서니 뭔가 후련하면서도 새삼 불안한 기분이 들었다. "우리 정말 잘 한 결정일까?"

당초 계획보다 월세가 높아졌으니 인테리어 비용은 가급적 아껴야 했다. 한옥 구조가 남아 있는 기존 내부 공간의 원형을 살리는 선에서 페인트 칠은 셀프로 하고, 가구만 새로 들이면 충분할 것 같았다. 다만 숍과 바를 겸하기 위해선 테이블과 매대를 동시에 쓸 수 있는 가구가 필요했다. 두 가지 기능을 갖춘 기성 가구는 당연히 존재할 리 없었다. 결국 직접 제작해야 하는 상황. 대략 우리가 구상해본 테이블의 디자인은 부채꼴이었다. 4개의 부채꼴 테이블을 원형으로 만들어 매대로 쓰다가 분리해서 개별 테이블로 쓰는 가변형 가구.

이 기이한 미션을 해결해줄 적임자가 떠올랐다. 레트로한 일력달력으로 유명한 길종상가. 가구 제작은 물론

전시 공간 인테리어, 심지어 명품 브랜드의 쇼윈도 제작까지
폭 넓은 작업을 이어 온 길종상가는 언젠가 한 번쯤
취재해보고 싶었던 디자인 스튜디오였다. 홈페이지에
들어가보니 이메일로 작업 의뢰가 가능했다. 기존 작업물이
아카이빙되어 있는데, 아크릴이나 스테인리스 같은 재료로
만들어낸 난해한 가구들에 아내는 살짝 망설이는 듯했다.
나 역시 확신이 들지는 않았다. 그럼에도 우리가 원하는
작업실의 콘셉트를 이해하고 구현해줄 적임자 같았다. 그렇게
가구 제작 의뢰 메일을 보냈다.

> 저희는 현재 서촌 옥인동에 아담한 상점 겸 바를
> 준비하고 있습니다. 주간에는 저의 아내가 작업실 겸
> 쇼룸을, 저녁에는 제가 위스키 바로 운영할
> 계획입니다. 일종의 두 가지 업종이 혼재한 가변형
> 공간으로 기획 중인데, 공간의 핵심인 메인 테이블과 바
> 카운터를 길종상가에 의뢰하고 싶어 연락드렸습니다.

다음 날 회신이 왔다. 두근두근.

> 길종상가
> 길종상가는 의뢰인이 원하는 물건을 재료, 크기, 수량에
> 상관없이 제작하는 디자인 스튜디오다. 길종상가의
> 가구를 한마디로 정의하긴 힘들지만, 조형적 디자인 요소와
> 과감한 컬러 그리고 길종상가만의 위트 넘치는
> 아이디어를 조합해 세상 어디에도 없는 단 하나의 가구를
> 작품처럼 만들어 낸다.

길종상가

보내주신 내용 확인했습니다. 몇 가지 궁금한 사항이
있습니다.

1. 메인 테이블: 대략의 크기, 이동식이면 바퀴의 유무
2. 바 카운터와 스툴: 카운터의 대략의 크기
3. 일정: 9월 중이면 9월 말까지 설치하면 될까요?
4. 예산: 보내주신 내용만으로 생각했을 때 디자인과,
   소재, 크기에 따라 다르겠지만 넘어도 괜찮은지
   알려주시면 참고하겠습니다.

그렇게 며칠 후 길종상가의 박길종 대표와 옥인동의
작업실에서 만났다. 우리가 원하는 공간의 콘셉트를 설명하고
부채꼴 테이블에 관한 아이디어를 건넸다. 과묵한 그는
우리의 이야기를 듣고는 쓱싹쓱싹 스케치를 해서 보여줬다.
막연하게 상상했던 부채꼴 테이블의 형태와 크기가 대략
정해졌다. 테이블 외에 벽 선반도 부채꼴로 만들면 좋을 것
같다는 아이디어가 나왔다. 공간의 중심을 잡아줄
바 테이블은 별도의 형태로 제작하기로 했다. 선반과 부채꼴
테이블은 옛날 싱크대에 주로 사용하던 호마이카 재질로,
바 테이블은 나무 합판을 쓰기로 결정했다. 여기에 선반과
테이블을 지지하는 프레임은 녹색 스테인리스를 사용하기로
했다. 지금은 스테인리스가 보편적인 인테리어 소재이지만
당시만 해도 꽤나 모험적인 선택이었다.

길종상가에서 시안을 만들기로 하고, 나와 아내는 먼저

페인트 작업을 했다. 내부의 벽면 전체를 하얀색으로
깔끔하게 칠하기로 했는데, 실상 페인트 칠은 처음이었으니
유튜브에 상당 부분을 의존했다. 틈새나 패인 곳은 퍼티
작업부터 해야한다는 사실도 그때 처음 알았다. 그렇게
장마가 막 지나간 한여름의 찜통 더위 속에서 두 아마추어가
페인트 칠을 시작했다. 한나절이면 충분할 줄 알았는데,
퍼티 작업과 사포질, 건조 시간 등을 더하니 이틀로도
부족했다. 페인트 작업을 하기 전 바닥에 비닐을 엉성하게
깔아둔 탓에 사방에 페인트 자국이 남았다. 이를 지우는 데
꼬박 하루가 더 걸렸다.

    중대한 결정이 하나 남아 있었다. 바로 공간의
이름 짓기. 처음에는 아내가 디자인을 시작하면서 만든
브랜드의 이름인 '폴카랩'을 공간의 이름으로 정할까 싶었다.
그러나 나와 아내가 도맡은 공간의 역할이 다르니
이를 아우르는 이름이 하나쯤 필요하다고 생각했다. 어느 날
샤워를 하다 불쑥 이름 하나가 떠올랐다. "무용소 어때?
그러니까 유용하지 않아도 괜찮은 장소 말이야."
사람들이 무용 교습소로 오해할 것 같았지만, 사부작사부작
우리가 좋아하는 것들을 느슨하게 펼칠 장소의 이름으로
충분해 보였다. 각 글자의 자음인 네모, 동그라미, 세모의
조형적 요소를 로고로 활용해봐도 좋을 것 같았다.
마지막 세모는 부채꼴로 변주해 가구들과 함께 무용소를
상징하는 로고가 됐다.

    길종상가는 미팅 이후 약 한 달 만에 시안을 보내왔다.

두근두근. 미팅 때의 스케치보다 구체화된 드로잉으로 각 가구들의 디테일을 살린 시안이었다. 그린과 오렌지 컬러의 호마이카 상판으로 이뤄진 부채꼴 테이블, 부채꼴 선반 그리고 중간에 추가된 부채꼴 로고로 만든 녹색 간판까지. 확실한 건 어디에서도 본 적 없는 유니크한 디자인이었다. 처음에는 다소 낯설었지만, 보면 볼 수록 마음에 들었다. 우리가 잠정적으로 정해둔 '무용소'라는 이름과도 잘 어울리는 가구 같았다. 별 다른 수정 없이 시안대로 가구를 제작하기로 결정했다.

가구를 제작하기까지 다시 한 달 정도의 시간이 걸렸다. 그 사이 해야 할 일들이 수두룩했다. 우선 곰팡이가 가득 피어 있는 부엌 싱크대를 교체해야 했다. 문제는 싱크대 벽면 하단부가 돌출되어 있어 기성 싱크대로 바꿀 수 없는 난감한 상황. 싱크대까지 길종상가에 의뢰할 만큼 예산이 넉넉한 것도 아니었으니 싱크대 상판만 별도로 주문하고, 하단부는 직접 제작해보기로 했다. 건축가인 지인의 도움으로 일주일을 꼬박 들여 싱크대와 작업대를 직접 설치하는 일생일대의 목공 작업을 마무리했다. 작업실이 아니었다면 결코 해보지 않을 경험이었다.

10월 초, 마침내 길종상가에서 주문한 가구가 들어온 날이다. 박길종 대표는 시안과 싱크로가 정확히 일치한 실물 가구들을 손수 설치해줬다. 마지막으로 녹색 로고의 부채꼴 간판까지 설치하고 나니 계약 이후 두 달 동안 거의 매일 같이 출근하며 고민하고 대화하고 매만진 우리 부부의 작업실이 마침내 제 모습을 갖추게 됐다. 사업자등록과 영업신고, 통신판매업신고 등 한참을 헤맸던 서류 작업도 어느 정도 마무리된 시점이었다. 이제 문을 열기만 하면 된다. 그런데 언제 어떻게 시작을 하지?

2020년 10월 17일, 공교롭게 내 생일이기도 한 날. '고독한 시음회'란 이름을 내걸고 무용소의 개업식(?)을 겸한 조촐한 하이볼 파티를 기획했다. 인스타그램에 홍보글을 올리고, 아내가 디자인한 포스터를 사방에 붙여 놓았다. 앞으로 이곳에서 선보일 위스키로 만든 하이볼을 시음하고 핑거 푸드를 나눠 먹는 자리. 전면 폴딩 도어를 활짝 열어두고, 집에서 쓰던 턴테이블을 가져와 보사노바 LP도 틀었다. 아내와 난 설레면서 또 초조했다. 사람들이 과연 찾아올까? 친하게 지낸 대학교 동기가 첫 손님이었다. 어색하게 하이볼을 만드는데, 곧 지인들이 하나둘 들어오기 시작했다. 잡지사 시절 연을 맺은 분들과 나와 아내의 오랜 친구들, 한동안 연락을 못했던 사람들도 반갑게 인사를 건네며 찾아주었다. 심지어 지나가다 호기심에 이끌려 들어온 분들까지, 어느새 6평 남짓한 공간에 빈 자리가 없을 만큼 사람들이 가득 찼다. 아직 정체를 간파하기 힘든 우리 부부의 작업실을 응원하러 온 분들과 그렇게 개업 첫 날을 보냈다. 돌이켜 보니 무용소가 가장 분주했던 날이기도 했다.

무용수 쓸프 인테리어 작업 모습.

내부 정리를 마친 뒤 2020년 10월 첫 오픈 현장(아래).

길종상가

무용백서

길종상가가 보내온 무용소 가구 스케치 시안.

길종상가

위스키

무용소의 문을 연 이후, 일상의 많은 부분이 달라졌다.
당초 아내와 함께 쓸 작업실 용도로 서촌에 공간을 구했지만,
각자의 로망을 하나씩 얹어 낮에는 디자인 스토어,
저녁에는 위스키 시음실로 바뀌는 콘셉트로 운영하게 됐으니.
어쨌든 대중을 상대로 한 상업 공간을 운영하게 된 셈인데,
모든 게 처음이니 어설픈 실수연발의 나날이었다.
포스기 사용, 메뉴판 제작, 제품 포장, 세금계산서 발행 등
소상공인의 기본기부터 익혀야 했다. 초반에는 찾아오는
방문객 대다수가 주변 지인들이었지만, 차츰 모르는
일반인들의 방문 빈도가 늘어나면서 긴장감 넘치는 순간이
드문드문 찾아왔다. 가령 신용카드 취소 방법을 몰라
쩔쩔매거나 한꺼번에 위스키 주문이 몰릴 때면 손이 벌벌
떨리기도 했다.

 그럼에도 아내는 제법 목적에 충실하게 공간을 운영했다.
본인이 작업한 패턴 디자인 제품을 선보이는 폴카랩을
기반으로 틈틈이 디자인을 하면서 부채꼴 선반에 제품군을
차근차근 늘려나갔다. 각 패턴은 포르투갈의 아줄레주
타일에서 영감을 받아 작업을 하는데, 리소그래프로 인쇄한
포스터, 엽서, 노트를 비롯해 실크 스크린으로 만든
패브릭, 파우치, 보틀백 등이 디자인 스토어다운 구색을
갖추게 했다. 여기에 폴카랩 제품과 어울리는 다른 작가의
디자인 굿즈도 선별해 들여놓았다.

 내가 담당한 위스키 시음실은 목요일부터 토요일까지
주 3일 저녁에 문을 열었다. (물론 이후에는 여러 사정으로

운영 시간이 거듭 바뀌었다) 거리 자체가 늦은 시간까지 유동인구가 많지 않아 일단 테스트 차원에서 그렇게 시작을 했다. 그럼 낮에는 무엇을 했느냐고? 바 테이블 한쪽에 자리를 잡고 작업을 하기로 했는데, 초짜 프리랜서라 고정적인 일이 많지도 않고 마냥 놀기도 머쓱해서 낮 시간에는 융드립 커피를 메뉴에 추가했다. 융드립은 커피 원두의 기름 성분까지 추출이 가능해 한층 진한 풍미를 내는데, 다만 융을 사용할 때마다 소독해줘야 하는 단점이 있다. 그런데 어느 순간 사람들이 카페로 인식하는 바람에 낮에는 커피를 내리고 융을 삶느라 제법 분주하게 시간을 보내야 했다.

    위스키 시음실은 스코틀랜드의 싱글몰트 위스키를 9종 정도 선별해 한두 달 간격으로 메뉴를 바꾸는 방식으로 운영했다. '위스키 바'도 아니고, 굳이 '시음실'이라 이름을 붙인 이유는 일단 전문적인 바와 거리가 멀기 때문이다. 나 역시 그간 위스키 바를 갈 때면 높은 가격대도 부담스럽거니와 특유의 엄숙한 분위기 때문에 선뜻 들어가기가 망설여질 때가 많았다. 무용소의 위스키 시음실에서는 입문자들이 캐주얼하게 여러 종류의 위스키를 비교해보고 본인의 취향을 찾는 공간이 되길 바랐다. 3가지 위스키를 반잔씩 마실 수 있는 테이스팅 샘플러를 메뉴에 넣은 이유도 그래서다. 크래프트 브루어리에서 흔히 제공하는 맥주 샘플러처럼 소량으로 여러 종류의 위스키를 비교해가며 시음해보는 샘플러는 나름 무용소의 시그니처 메뉴가 됐다.

스코틀랜드의 싱글몰트 위스키만 다룬 이유는 아무래도 내가 그나마 경험을 해본 주종이기도 하고, 블렌디드 위스키나 버번 위스키보다 증류소마다 개성과 풍미의 편차가 커서 비교하는 재미가 남다르기 때문이다. 이를테면 스페이사이드 지역의 셰리 오크에 숙성시킨 글렌드로낙이나 글렌피딕과 아일라의 피트 향이 가미된 라프로익이나 보모어는 완전히 다른 종류의 술처럼 다가온다. 그런 덕분에 저마다의 취향에 따라 선택의 폭이 넓어지고 애호하는 증류소가 생기게 되는 것이다. 위스키의 높은 도수가 부담스러운 사람들을 위해 하이볼이나 진토닉처럼 내가 평소에 즐겨 마시고 만들기도 간편한 칵테일 또한 메뉴에 넣었다.

다만 이름 때문에 웃지 못할 상황이 발생하기도 했다. 어느 날 한 아저씨가 '위스키 시음실'이라 쓰인 입간판을 유심히 보더니 안으로 들어왔다. "위스키 시음이 가능한 곳인가 보죠?" 나는 메뉴판을 보여주며 샘플러를 소개해줬다. 그 분은 한껏 상기된 표정으로 샘플러를 주문하고 3가지 위스키를 순서대로 꿀꺽꿀꺽 들이켰다. 싱글몰트 위스키는 가능하면 천천히 향까지 음미하는 게 매력인 술이라 설명하려는 찰나, "잘 마셨습니다." 아저씨는 계산을 하지 않고 인사를 건넸다. 아차차. 그는 이곳이 무료로 위스키 시음을 제공하는 이벤트 공간이라 착각한 것이다. 그 이후로 위스키 메뉴를 설명할 때면 유료인 점을 한층 강조해야 했다.

사실 무용소 위스키 시음실의 메리트 중 하나는

저렴한 가격에 있다. 오픈을 준비하면서 위스키 메뉴판을 만들 때 가격을 어떻게 책정해야 할지 도통 감이 잡히지 않았다. 주로 가격대가 저렴한 엔트리급 싱글몰트 위스키들을 다루기도 하고, 기존 바들처럼 한 잔에 2-3만 원이 넘는 부담스러운 가격은 피하고 싶었다. 가격은 부산의 모티 바를 참고했다. 그곳은 메뉴판이 없는 대신, 계산을 할 때면 다른 바들에 비해 절반 가까이 저렴한 편이었다. 나 역시 모티처럼 홀로 운영을 하니 비슷하게 가격을 책정해도 무리가 없으리라 판단했다. "여기는 취미로 운영하시는 거죠?" 간혹 메뉴판에 적힌 가격을 보고 그렇게 물어보는 사람들도 있었다. 이는 어디까지나 초짜의 판단 미스였다. 모티 바 사장님이 건물주였다는 사실을 나중에 알게 됐으니. 그런 연유로 서울에서 가장 저렴하게 위스키를 파는 곳이 됐다.

    무용소를 운영하면서 특정 타겟층을 치밀하게 고려하진 않았다. 나와 아내의 취향을 그러모은 이 공간을 다른 누군가와 느슨하게 공유할 수 있기를 바랐다. 여기에 위스키 입문자들이 부담 없이 찾아온다면 더할나위 없을 것 같았다.

모티
부산 수정동 산복도로 지하에 자리한 위스키 바 "걱정하지 말고 설레여라"라는 주술 같은 문구가 내걸린 벽장에는 위스키와 코냑 등 희귀한 올드 보틀이 가득하다. 모티를 홀로 운영하는 조태진 마스터는 서울에서의 오랜 직장 생활을 정리하고 우연히 발견한 이곳을 아지트 삼아 지인들과 위스키 모임을 열다가 바를 시작했다.

사실 아내가 운영하는 디자인 스토어와 내가 전담한 위스키 시음실의 접점은 딱히 없어 보였다. 그런데 이 의외의 조합에 뜻밖의 반응을 보인 이들이 무용소를 찾아오기 시작했다.

불과 몇 년 전만 해도 위스키는 다소 중후한 이미지가 덧씌워져 있었다. 주로 중년 남성들이 즐기는 양주 혹은 소수 마니아들이 애호하는 독주 정도로 여겨졌으니. 실제 가격대도 높고 위스키를 구하는 루트도 남대문이나 몇몇 주류 상점으로 한정되어 있었으니 그럴 수밖에 없었다. 다양한 위스키를 취급하는 몰트 바가 차츰 늘어나긴 했지만, 섣불리 들어가기엔 좀 부담스러운 것도 사실. 그런 위스키의 이미지는 코로나19를 기점으로 급격하게 변모하기 시작했다.

팬데믹 시기, 집에서 나홀로 혹은 소수와 술을 즐기는 '혼술' '홈술' 트렌드가 유행하면서 위스키를 향한 관심이 소위 MZ 세대를 중심으로 퍼져나갔다. 취하기 위해 마시던 술이 어느덧 맛 자체에 집중하는 문화로 차츰 바뀌게 된 것이다. 그러면서 풍미가 두드러진 싱글몰트 위스키를 애호하는 층이 넓어졌고, 젊은 세대도 위스키를 서슴없이 즐기기 시작했다. 격세지감이라 불러도 좋을 법한 변화였다.

무용소를 찾아오는 방문객도 20-30대 비중이 주를 이뤘다. 여성, 남성의 성비는 7:3 정도. 남성 고객이 많은 보통의 위스키 바와는 정반대인 셈이다. 이는 위스키에 부쩍 관심을 보이기 시작한 팬데믹 시기의 트렌드와도 무관하지 않다. 위스키에 막 입문한 이들이 무용소를 찾아와 평소 궁금했던 술을 한두 잔 시음해보고 자신의 취향을 발견하는 식이었다. 이는 내가 바라던 바였다.

무용소의 위스키 시음실을 운영하면서 가장 의욕 있게 준비한 프로그램은 위스키 모임이었다. 평소처럼 술만 마시는 게 아니라 위스키에 관한 배경 지식을 전하고, 위스키의 각기 다른 개성을 알아보고, 더불어 술에 얽힌 여행 이야기도 나누는 모임. 그리하여 '고독한 시음회'란 이름으로 첫 위스키 모임을 기획했다. 개인적으로 고독한 정서를 좋아하는데, 나와 같은 내향인들도 부담없이 참여하길 바라는 마음으로 정한 이름이기도 했다.

첫 모임의 주제는 당연히 '스코틀랜드 위스키'. 내가 가장 좋아하는 스코틀랜드의 싱글몰트 위스키 3종을 시음하고 스코틀랜드 위스키와 여행에 관한 이야기를 나누는 내용으로 모임을 준비했다. 아내와 함께 포스터와 테이스팅 노트도 제법 공들여 디자인하고, 위스키와 곁들일 수 있도록 스코틀랜드의 쇼트브레드와 소시지도 직구로 주문했다. 무용소 로고 캐릭터를 넣은 온더록 잔까지 별도로 제작했으니 돌이켜보면 정말 그 날의 위스키 모임에 진심이었던 것 같다. 이제 모객만 잘하면 될 일이었다.

고독한 시음회의 정원은 8명. 인스타그램으로 홍보를 시작했지만 내심 인원이 차지 않을까 초조했다. 아직 팔로워도 거의 없을 때니, 무용소를 찾아오는 누구에게나 홍보를 했다. 당초 가급적 위스키에 관심이 많은 입문자들이 신청하길 바랐지만, 날이 다가올수록 누구라도 좋으니 신청만 해줘도 감사할 노릇이었다. 만일을 대비해 빈 자리를 채워줄 지인들도 섭외해 놓았다. 그런 걱정과 달리 모임 일주일을 앞두고 신청자 정원이 찼다.

사실 진짜 걱정해야 할 대상은 모임을 진행하는 나 자신에게 있었다. 의욕이 한껏 충만한 상태였지만, 막상 당일이 되니 심장이 잔뜩 쪼그라들었다. 그렇다. 나는 언변에 관해서라면 최하수급이나 다름없었다. 에디터 일을 하면서 대중을 상대로 강연이나 사회를 진행할 기회가 몇 번 있었는데 횡설수설로 일관하며 좌중을 엄숙하게 만들었던 기억이 태반이었다. 사적인 술자리에서처럼 편하게 진행하면 될 거라고 만만하게 여겼는데, 막상 시간과 비용을 들인 누군가를 위해 모임을 진행한다고 생각하니 지나간 아찔한 기억들이 떠올랐다.

그렇게 잔뜩 긴장한 상태로 첫 '고독한 시음회'를 시작했다. 프로젝터를 띄우고 미리 대본에 정리해둔 스코틀랜드의 위스키 이야기를 천천히 읽어나갔다. 슬픈 예감은 틀리지 않았다. 나는 거의 AI 음성처럼 시종일관 동일한 톤으로 위스키 상식들을 지루하게 읊었다. "위스키의 기원은 14-15세기로 추정됩니다. 아일랜드에서 처음 만들어졌지만, 위스키를 대중화시킨 곳은 스코틀랜드입니다." 사람들의 흐릿해진 눈빛을 살필 때마다 초조했지만, 준비한 스피치를 과감하게 끊어낼 기지 또한 나에게 없었다.

나와 참석자 모두가 괴로웠던 위스키 역사 강의가 끝나고 본격적인 위스키 시음을 시작해서야 경직된 분위기가 다소 풀렸다. 준비한 위스키는 오반 14년, 라가불린 16년,

글렌파클라스 105. 스코틀랜드의 각기 다른 지역에서 만들어지고 개성 또한 확연히 나뉘는 위스키였다. 우선 오반 14년은 하일랜드에 속하면서 밸런스가 좋아 싱글몰트 입문자에게 적합했다. 개인적으로 가장 좋아하는 라가불린 16년은 아일라섬의 위스키로, 묵직한 피트 향을 품고 있어 호불호가 제법 갈렸다. 마지막은 스코틀랜드 스페이사이드 취재 때 인연을 맺은 글렌파클라스 105. 위스키 원액에 물을 섞지 않은 캐스크 스트렝스로 60도에 이르는 도수가 다소 부담스럽지만, 셰리 오크 숙성의 풍미를 파악하기에 최적의 위스키이기도 하다. 세 가지 위스키를 시음하고 저마다 자신만의 시음평을 얘기하면서 평소 위스키에 관한 궁금증이나 스코틀랜드 여행 이야기도 한결 자연스럽게 나눌 수 있었다. 전반전은 사실상 폭망에 가까웠지만, 후반전은 나름 선방한 시음회가 그렇게 막을 내렸다.

첫 '고독한 시음회'를 마친 직후, 이제는 모두에게 아련한 기억으로 남은 사회적 거리두기가 시작됐다. 카페, 식당 등 실내 장소의 영업 시간이 9시로 단축되고, 테이블당 인원도 4인 이하로 제한됐다. 그런 탓에 야심차게 기획을 한 '고독한 시음회'도 한동안 이어갈 수 없었다. 그야말로 고독하게 위스키 시음실을 소수 예약제로 운영을 했고, 사회적 거리두기가 완화되고 나서야 비정기적으로 시음회를 진행했다.

이후에는 커뮤니티 플랫폼인 넷플연가의 제안으로

정기적인 위스키 시음 모임을 열기도 했다. 이는 고독한
시음회의 확정 버전이라 할 수 있다. '스코틀랜드 위스키를
쫓는 모험'이라는 타이틀로 스코틀랜드 각 지역의 위스키를
비교 시음하고 영화와 여행에 관한 이야기도 나누는
방식으로 모임을 운영했다. 나의 횡설수설은 여전했지만
일방향이 아닌 참여자들이 자유롭게 대화를 주고 받는
방식이어서 부담을 덜고 자연스럽게 모임을 이끌다 보니
나름의 노하우가 생겼다. 이처럼 위스키 시음회를 준비할 때면
첫 '고독한 시음회'의 아찔한 전반전을 반면교사로 삼는다.
딱딱한 설명은 최대한 배제하고, 가능하면 하이볼이라도
마시면서 대화를 풀어가는 것. 술 한 잔을 머금고 나면
어색한 분위기도 풀리고 위스키에 관한 생각을 낯선 이들과
좀 더 진솔하게 나눌 수 있다. 다만 술을 초반부터 과하게
마시면 또 다른 횡설수설이 시작될 수 있으니 늘 과유불급이
중요했다.

넷플연가
2019년, '넷플릭스 보는 날엔 연희동에 가야한다'는
이름으로 시작한 커뮤니티. 현재는 넷플릭스를 넘어
여러 OTT와 책 등을 포함해 다양한 콘텐츠를 함께
보고 즐기는 사람들의 커뮤니티 플랫폼으로 확장했다.

주기적으로 스카치 위스키를 교체했던 선반.

위스키

위스키 상식 노트

위스키 시음회를 진행할 때 입문자들을 위한
간략한 위스키 용어 노트를 제작했다.

위스키

위스키는 '아쿠아 비타'(생명의 물)라는 어원으로 탄생한
증류주. 14-15세기 아일랜드에서 시작된 것으로
추정되며, 18-19세기 스코틀랜드에서 산업적으로
급성장하며 스카치 위스키가 세계적 위상을 얻게 됐다.

스카치 위스키

스코틀랜드 위스키를 통칭. 지역에 따라 스페이사이드,
하일랜드, 섬, 아일라, 캠벨타운, 로우랜드 6지역으로
구분한다. 스페이사이드는 화사한 아로마를 내고,
하일랜드는 지역별 편차가 크며, 아일라는 피트 풍미가
강한 편이다.

싱글몰트 위스키

한 증류소에서 단일 맥아(보리의 싹을 틔운 것)로 만든
위스키로, 블렌디드 위스키와 비교해 증류소별 개성이
뚜렷하게 구분된다. 일반적인 블렌디드 위스키는
여러 증류소의 위스키 원액을 혼합한 것이다.

캐스크 숙성

싱글몰트 위스키는 주로 스페인의 셰리주, 미국의 버번
위스키 등을 숙성했던 오크통을 재사용하여 숙성시킨다.
캐스크 숙성 방식에 따라 컬러와 풍미가 천차만별로 나뉜다.

캐스크 스트랭스(CS)

캐스크 숙성을 마친 위스키에 물을 희석시키지 않은 것으로,
보통 도수가 50도에서 60도에 이른다. 일반적인 싱글몰트
위스키는 도수를 40도 정도 낮추기 위해 물을 희석시킨다.

NAS(No Age Statement)

숙성년수 미표기 위스키. 수요가 늘어남에 따라 고숙성
위스키의 부족으로 위스키 업계가 고안한 방식. 최근에는
NAS 위스키가 일종의 트렌드로 자리 잡고 있다.

피트

이탄 혹은 토탄으로 불리며, 해초, 이끼 등으로 만드는
스코틀랜드의 전통 연료다. 싱글몰트 위스키의 주재료인
맥아를 건조시키는 과정에서 사용하며, 아일라의 피트
위스키가 대표적이다.

인터뷰

무용소를 운영하면서 다수의 매체와 인터뷰를 진행했다.
에디터로 일하며 인터뷰를 진행했던 입장에서 역할이 바뀐
흥미로운 경험이기도 했다. 다음은 2021년 가을에 빌리브
매거진에 소개된 인터뷰 내용이다.

무용소는 어떤 공간인가요?

고현(이하 고)

　무용소를 시작하기 전, 저와 아내는 집에서 일했어요.
　그러다가 아내와 함께 작업실을 구하기로 했죠.
　무용소를 작업실로만 사용하기엔 어쩐지 아쉬워 각자
　좋아하는 요소를 하나씩 더 담았어요. 디자인을
　좋아하는 아내의 취향과 위스키를 좋아하는 제 취향을
　담아서, 주중에는 디자인 스토어 겸 쇼룸으로, 주말에는
　위스키 시음실로 운영해요.

윤진영(이하 윤)

　남편은 항상 위스키에 대한 로망이 있었고, 저는 제가
　디자인한 소품도 판매하는 셀렉트 숍을 운영하고 싶은
　꿈이 있었어요. 이 두 가지를 함께 녹여낸 공간이에요.

이곳을 운영하기 전에는 어떤 일을 했나요?

윤　저는 인테리어 소품 회사에서 마케터로 일했어요.
　　디자인을 위한 시안을 제시하거나 해외에서 다양한
　　디자인 소품을 큐레이션해 국내에서 판매하는 일을
　　맡았어요.

위스키

고   저는 여행 잡지사 에디터로 일했어요. 작년에 회사를
그만두고 프리랜서 에디터를 하려고 준비하던 중에
무용소를 열었죠. 그런데 최근 다시 새로운 잡지사를
다니게 돼서 무용소 일과 병행하고 있어요.

'쓸모없음(無用)'에 끌리게 된 이유가 있나요?

고   '실용'의 반대 의미인 '무용'이란 단어를 오래전부터
좋아했어요. 무용소에 있는 위스키, 리소그래프 디자인
제품, LP 플레이어 등은 실용성과는 거리가 먼
것들이에요. 어떤 물건의 가치와 쓸모는 다른 영역의
개념이라고 생각해요. 누군가에게 쓸모없는 것이
누군가에게는 멋진 취향의 물건이 될 수도 있으니까요.

윤   저희 부부는 오랫동안 직장 생활을 했어요. 특히
데드라인에 쫓기면서 성과를 내야 하는 직업이었죠.
모든 현대인이 그렇겠지만 실용적인 것에만 몰두했던 것
같아요. 그러다 보니 반대로 저희는 오래되거나
남들이 보기에 쓸모없는 것을 향유하는 취향이 생겼어요.
대체로 무용하면 빠르게 소비되거나 대체되지
않더라고요. 예를 들어 일자로 곧게 자란 나무는
나무꾼들이 금방 베기 마련이죠. 하지만 굽이치며 자란
나무는 쓸모없다는 이유로 잘리지 않고 그 자리에서
몇백 년을 살아요. 사람들에게 그늘도 만들어주면서요.

'무용;소'에 붙는 세미콜론은 무엇을 의미하나요?

윤 '무용'과 '소' 사이에 붙는 세미콜론은 무용의 의미를
확장하는 역할을 해요. 장소보다 무용에 더 큰 의미를
두고 있다는 걸 표현하고요. 시음회의 의미로 무용;회,
북 토크 같은 모임의 무용;담, 플리마켓을 여는 무용;장,
타블로이드 매거진 형식의 무용;지 등 무용의 의미를
다양하게 기획해볼 예정이에요.

위스키에 매료된 계기가 있나요?

고 잡지사의 업무 패턴 때문이었어요. 마감을 마치고
늦은 시간에 집에 와서 '혼술'을 했거든요. 처음에는
맥주를 마셨어요. 그러다 출장을 다녀오면서 면세점에서
위스키를 한 병 사게 됐죠. 그때는 잘 몰라서 아무
위스키나 사서 마셨는데 맥주보다 가성비가 좋더라고요.
위스키는 한 잔 정도로 충분했으니까요. 결정적으로는
스코틀랜드에 출장 가서 위스키 증류소를 취재하면서 더
각별한 관심이 생겼어요.

스코틀랜드에서 어떤 위스키를 접했나요?

고 김종관 감독이 연출한 영화 〈조제〉의 로케이션을
동행하는 취재였어요. 그중 증류소 촬영이 있어서
글렌파클라스 증류소를 방문할 기회가 있었죠. 이곳은
지금까지도 가족이 대를 이어 운영하는 증류소예요.
싱글몰트 위스키를 처음으로 대중에게 알린 곳이기도
하죠. 싱글몰트 위스키는 우리가 익히 아는 양주, 다시

말해 블렌디드 위스키의 재료예요. 최적의 위스키를
만들기 위해 블렌딩 재료로만 쓰던 싱글몰트 위스키를 그
자체로 즐길 수 있도록 한 것이죠. 그런 이야기를 들으면서
시음하니 글렌파클라스에 더 애착이 생기더라고요.
무용소에서도 주기적으로 소개하는 위스키예요.

**무용소의 위스키 시음실에서는 입문자를 위한
코스가 있어요. 어떤 기준으로 기획하나요?**

고 제가 위스키에 관한 전문가가 아니기 때문에 전문적인
바로 운영하지는 않아요. 제가 감당할 수 있는 9종류의
위스키를 선보이고 있어요. 스코틀랜드 지역을 크게
3개로 나눠 스페이사이드, 하일랜드, 아일라의 위스키를
각각 3병씩 두 달 간격으로 선별해 소개합니다.

윤 위스키 하면 중후하고 어렵다는 인상이 있어요.
아까 남편이 얘기했듯 퇴근하고 한 잔 마셨을 때 후련한,
그런 기분을 다른 분들도 느껴보길 바라는 마음으로
캐주얼하게 기획했어요. 편한 분위기에서 함께 취향을
찾아보자는 거죠. 싱글몰트 위스키는 위스키의 취향을
찾는 데 좋은 술이거든요.

**공간을 설계할 때 한옥의 서까래를
일부러 남겨 놓은 건가요?**

고 한옥의 특징을 살려야겠다는 의도를 가지고 무용소를
디자인하지는 않았어요. 한옥에서 위스키나 디자인

소품을 소개하는 게 이질적으로 보일 수 있지만,
저희는 그 이질적인 것을 그대로 드러내고 싶었거든요.
스테인리스 스틸 소재나 개성적인 컬러를 쓴 것도
그런 이유 때문이에요.

윤 그저 여행하면서 수집한 물건을 가져다 두었을 뿐인데,
한옥이라서 그런지 분위기가 더 이국적으로 느껴져요.
예전에 저희 신혼집이 북촌에 있었어요. 언젠가 한 번쯤
한옥에 살아보고 싶었는데, '지금이 아니면 안 될 것
같다'는 생각으로 한옥을 택했어요. 그런데 당시에는
한옥을 충분히 즐길 여유가 없었죠. 이번에 작업실을 구할
때도 막연히 '한옥이면 좋겠다'고 생각했던 것 같아요.

폴카랩이라는 브랜드의 쇼룸이기도 하죠.
어떤 브랜드인지 소개 부탁드려요.

윤 제가 좋아하는 것을 디자인하고 삶을 지속해보겠다는
의미로 폴카랩이라는 브랜드를 만들었어요. 슬로건은
'지속 가능한 삶을 위한 취향 연구소'예요. 제가
디자인에 주로 활용하는 패턴은 아줄레주예요. 건물
외벽이나 내부에 타일 형태로 장식하는 패턴을 말하는데,
포르투갈을 여행할 때 이 패턴의 매력에 빠졌죠.
이 외에도 리소그래프 방식으로 디자인을 인쇄해 제품을
만들고, 최근에는 실크 스크린 기법으로 패브릭에
인쇄를 했어요. 강원도의 옥희방앗간이라는 곳과 협업해
들기름을 포장하는 보자기를 만들기도 했어요.

무용소에서 맞는 가장 좋아하는 순간은 언제인가요?

윤 주중 낮에는 디자인 스토어로 문을 열어요. 그때 무용소 문을 활짝 열어두고 보사노바 음악을 틀어요. 노트북으로 디자인 작업을 하면서 스트레이트로 위스키를 한 잔 마실 때가 있어요. 그 순간이 정말 좋아요. 마감에 쫓기지 않으면서 내가 하고 싶은 일을 한다는 사실이요.

앞으로 무용소에서 해보고 싶은 일은 무엇인가요?

윤 폴카랩의 이름으로 여러 제품을 보여드리고 동시에 저희와 신념이 비슷한 브랜드를 디자인 스토어에서 소개하려고 해요.

고 처음이자 마지막 시음회였던 '고독한 시음회'를 작년 늦가을에 했어요. 위스키에 대해 알아갈 수 있는 시간을 마련하고자 기획했던 건데 코로나 상황 때문에 잠시 중단된 상태죠. 하지만 여럿이 모일 수는 없어도 테이스팅 메뉴를 개발해 위스키에 대해 자세한 설명을 해드리고 있어요. 상황이 좀 나아진다면 마치 여행을 떠나듯이 스코틀랜드 각 지역과 여러 국가의 위스키와 증류주를 경험해볼 수 있는 시음회를 기획해보고 싶어요.

낮과 밤에 뒤집어 사용했던 입간판.

무용소를 운영하며 제작했던 안내문과 메뉴판.

위스키

스코틀랜드

"그동안 다녀온 곳들 중 가장 좋았던 여행지는 어디인가요?"
여행 잡지 에디터로 일하면서 가장 뻔질나게 들었던 질문이다.
그럴 때마다 나는 곤혹스러운 표정과 함께 머뭇거리곤 한다.
중국 최고의 명주 마오타이가 탄생한 구이저우부터
아와모리 소주와 럼주를 탐방했던 오키나와, 미국 크래프트
맥주 신을 이끄는 캘리포니아 북부, 아이스와인의 주산지인
캐나다 온타리오, 테킬라의 본류인 메스칼의 신세계를
경험했던 멕시코시티, 바이젠 맥주를 쉼없이 들이켰던 독일
바이에른, 싱글몰트 위스키에 눈 뜨게 해준 스코틀랜드까지.
잠깐, 내가 주류 잡지 에디터였던가…?

그럼에도 단 하나의 대답을 내놓아야 한다면 역시
스코틀랜드다. 뒤에서 다시 언급하겠지만, 2019년에 떠난
스코틀랜드 출장을 통해 싱글몰트 위스키에 조금은 다가설 수
있었고, 서촌에 무용소를 여는데 어느 정도 기여를 했으니
내 삶에 터닝 포인트가 되어준 곳임에 분명했다. 무용소를
운영하며 차츰 싱글몰트 위스키에 대해 깊이 알아갈수록
나는 스코틀랜드로 다시 떠나기를 갈망했다. 코로나가 끝나면
가장 먼저 어디로 떠날 거냐는 물음에 주저함 없이
스코틀랜드라 답한 이유다. 그리고 그 기회는 무용소를
운영하던 중 찾아왔다. 정확하게는 내가 스스로 만들어낸
것이나 다름없었.

무용소에서 시도해보고 싶었던 것 중에는 전시가 있었다.
보통의 갤러리에서 여는 꽉 짜여진 전시가 아닌 듬성듬성
내걸린 작품을 즐기는 비정형 전시. 그렇게 2022년 봄,

첫 번째 전시를 기획했다. 여행 큐레이션 플랫폼 피치바이피치, 박신우 사진가와 함께 기획을 해 스코틀랜드 하일랜드 사진전을 열었다. 〈HIGH, LANDS - 하일랜드 풍경의 맛〉이라 이름 붙인 전시에서는 하일랜드 3개 지역의 사진을 감상하며 각 지역에 위치한 증류소의 싱글몰트 위스키를 시음할 수 있도록 테이스팅 메뉴를 구성했다. 아내는 전시를 위한 굿즈도 제작했다. 하일랜드에서 영감을 얻은 패턴을 패브릭에 인쇄하여 에코백과 코스터를 만들었다. 여행과 술, 디자인을 통해 취향을 탐색하는 무용소의 정체성과 제법 부합한 전시였다고 자평한다. 전시 중간에는 스코틀랜드 여행 이야기와 위스키 시음이 어우러진 토크 이벤트도 마련했다.

전시를 기획하게 된 결정적 계기는 박신우 사진가의

피치바이피치
지속 가능한 여행을 발굴하고 홍보하고 판매하는 브랜드다. 이와 더불어 매거진 발행부터 영상, 전시, 캠페인, 제품 판매까지, 여행의 지속 가능성을 추구하는 모든 콘텐츠를 전문적 관점에서 선보인다.

박신우
〈론리플래닛 매거진〉의 '라이징 포토그래퍼' 파이널리스트로 선정되면서 처음 인연을 맺게 된 사진가. 2019년부터 한국예술종합학교 멀티미디어 영상과에 출강하고 있다. 2022년 후지필름이 전 세계 사진가 15인을 선발하는 프로젝트에서 한국 대표 1인으로 선정되었다.

인스타그램 피드였다. 그는 꽤 오래 전에 스코틀랜드
하일랜드로 여행을 다녀왔고 코로나 때 스카치 위스키에
취미를 붙였다. 여행으로 다녀온 장소들의 사진을 감상하면서
그 지역의 위스키를 음미한 뒤 테이스팅 노트를 SNS에
기록했다. 그만의 위스키 시음 방식이 꽤나 독특해 이를 전시
형식으로 차용해보고자 제안한 것이다. 실제로 그의 사진을
보면서 위스키를 마시자 맛의 미묘한 변화가 감지됐다.
탈리스커는 스카이섬의 웅장한 대자연과 만나 한층 스모키한
풍미가 도드라졌고, 글렌모렌지는 하일랜드 들판의 싱그러운
향이 가닿는 듯했다. 신생 증류소 울프번은 스코틀랜드
최북단의 황무지 같은 풍경과 기묘한 조합을 이뤘다. 박신우
사진가가 전시를 위해 준비한 소개문의 일부는
다음과 같다.

    위스키는 스코틀랜드 날씨와 기후 환경에서
시작되었습니다. 싱글 몰트 위스키의 맛은 스코틀랜드의
지역별 지형과 날씨 특징들과 일치합니다. 환경이
다르니 맛도 다르고, 맛이 다르니 지역별 위스키 스타일
또한 다릅니다. 습한 날씨 덕에 위스키 증발률이
평균 2%밖에 되지 않는다고 하죠. 다른 나라는 심한 경우
숙성과정에서 40%가 증발된다고 합니다.
    술을 잘 마시지 않는데 위스키를 마시게 된 데에는
이유가 있습니다. 스코틀랜드 여행을 할 수 없으니
방문했던 지역들의 위스키를 통해 조금이라도

이해해보자는 취지였습니다. 잔에 담긴 위스키를 보고
마실 때마다 공기처럼 투명하게 사라져버린 하일랜드
여행 기억을 물질화하려는 사소한 시도의 일종입니다.
날씨가 무척 추워서 위스키 한 잔 마시고 싶어집니다.
가령 탈리스커를 마시면서 스카이섬의 사진들을
보면 위스키의 맛이 달라질까요, 반대로 위스키를 마시면
사진에서 보이는 풍경의 맛이 달라질까요, 아니면
이는 둘 다 형이상학적 맛이니 풍경과 위스키의 맛 둘 다
그대로 일까요?

    실제로 무용소에 머물며 한 달 가까이 하일랜드의 풍광을
넋 놓고 감상하다 보니 어떤 감응이 일었다. 전시는 그다지
흥행에 성공한 편은 아니었지만, 누군가(특히 나)의
마음을 뒤흔든 점에서 절반은 성공한 셈이다. 전시가 끝나갈
무렵 나는 사진 속 하일랜드로 절실히 떠나고 싶어졌다.
그렇게 홀린 듯 서랍 속에 2년 넘게 잠자고 있던 여권을
끄집어내 스코틀랜드행 항공권을 예약했다. 앞서
스코틀랜드를 다녀올 때는 스페이사이드 지역만 돌아봤는데,
광활한 하일랜드의 풍경을 두 눈 앞에 두고 위스키를
마시고 싶었다. 전시가 끝나자마자 무용소의 문을 닫고 약
보름간 스코틀랜드로 떠났다. 그 여행을 마친 이후 나는
스코틀랜드 홍보 대사를 자처하며 주변 사람들에게 열성을
다해 스코틀랜드의 매력을 알렸다. 무용소 선반 한쪽을
스코틀랜드 여행 도서 코너로 꾸며 놓기도 했다.

74-81페이지는 박진우 사진가가 스코틀랜드 하일랜드에서 촬영한 사진이다. 각 사진을 감상하며 뒤이어 나오는 대담 내용을 확인해보자. 대담에 등장한 위스키를 함께 음미해봐도 좋다.

글렌모렌지 증류소 부근의 테인.

스코틀랜드

탈리스커 증류소 부근의 스카이섬.

스코틀랜드

울프번 증류소 부근의 던넷 헤드.

트리스커 증류소 부근의 스카이섬.

대담

무용소에서 열린 박신우 작가의 스코틀랜드 사진전
〈HIGH, LANDS - 하일랜드 풍경의 맛〉 기간에는
토크 프로그램을 진행했다. 다음은 나와 박신우 작가의
대화를 옮긴 기록이다.

고현 (이하 고)
    이번 전시는 작가님이 인스타그램에 올린 하일랜드 여행
    피드를 보고 기획하게 됐습니다. 하일랜드 여행 사진과
    해당 지역의 위스키에 관한 이야기를 연재하신 내용이
    흥미롭더라고요.

박신우 (이하 박)
    '풍경 사진을 보면서 위스키를 마시면 위스키의 맛이
    달라질까?' 하는 의문이 생겼어요.

고   실제 위스키 맛이 달라졌나요?

박   어떨 것 같나요? 저 역시 이런 자리를 통해 함께
    탐구해보고 싶습니다.

고   작가님이 스코틀랜드 여행을 떠나게 된 계기가 궁금해요.

박   말투가 쉽게 달라지지 않는 것처럼 제 사진도 몇 년째
    달라지지 않는다고 느끼던 시기였습니다. 변화의 계기를

마련해 보고 싶어 매달 납부하던 보험을 해지한 돈으로 촬영 여행을 떠났죠. 도쿄와 런던을 거쳐 스코틀랜드를 여행했어요. 글래스고(Glasgow)에 교회 동생이 살고 있어서, 그 친구와 2박3일 일정으로 짧게 스코틀랜드에 다녀왔는데 너무 좋았습니다. 귀국하고 나서도 도저히 참을 수 없어서 한 달 뒤 카메라를 한 대 팔아서 아내와 3-4주 일정으로 다시 여행했습니다.

고 일단 스코틀랜드와 하일랜드의 위치를 살펴볼까요? 우선 스코틀랜드는 영국 그레이트브리튼 섬 북쪽을 아우르는 지역으로, 면적은 7만8,783제곱킬로미터입니다. 우리나라보다 살짝 작죠. 크게 남부의 로우랜드와 북부의 하일랜드로 나뉘는데, 스코틀랜드의 3분의 2가 하일랜드에 속해 있습니다. 그중 800여 개의 섬이 모여 있는 하일랜드 서쪽 지역은 따로 분리해 '아일랜즈(아일랜드)'라고도 부릅니다.

박 첫 번째 여행에선 글래스고를 출발해 루스(Luss), 글렌코(Glencoe), 포트윌리엄(Fort William), 스카이섬(Isle of Skye)까지 둘러봤고요. 두 번째 방문 때는 글래스고 공항에서 자동차를 렌트해 오반(Oban)을 시작으로 노스코스트 500(NC 500) 루트를 따라 스코틀랜드 최북단까지 갔습니다. 하일랜드 지역을 가로지르는 NC 500은 스코틀랜드를 대표하는 자동차

여행 루트로, 이 길을 따라가기만 해도 하일랜드의
왠만한 여행지는 다 둘러볼 수 있습니다.

고 NC 500 루트에 대해 부연 설명을 드리자면,
하일랜드의 해안과 내륙을 순회하는 경관도로로,
전체 길이만 약 830킬로미터에 이릅니다. 보통
인버네스(Inverness)를 기점으로 자동차 여행을
떠나지요. 하일랜드 여행이 작가님에게 어떠한 인상을
남겼는지 궁금해요.

박 하이킹을 하다 보면 눈앞의 산봉우리가 마치 나를
바라보는 듯한 느낌이 드는 순간이 있습니다.
실제로 보고 있는 것은 나지만, 보여지는 것도 나인
셈이죠. 그때 두렵고 떨리는 마음이 들어요. 영국의
철학자 에드먼드 버크(Edmund Burke)는
'숭고한(sublime)'이라는 단어의 뜻을 거대한 자연
앞에서 느끼는 인간의 초라함에서 비롯된 두려움이라고
정의했습니다. 두렵고 신비롭지만 가까이 가고
싶었습니다. 스코틀랜드의 자연은 다른 지역과는 분명히
다릅니다. 일종의 종교적 풍경처럼 느껴진다고 하면
이해가 될까요? 〈해리포터〉나 〈하이랜더〉 같은
할리우드 판타지 영화를 스코틀랜드에서 촬영한 것도
우연은 아닐 거예요.

고   사진가로서 스코틀랜드 그리고 하일랜드의 풍경은
어땠나요?

박   풍경에도 주인공이 있습니다. 보통 랜드마크라고 부르죠.
'저거 보면 다 본거야.'라고 말할 수 있는 그런 장소요.
여행지에서 시간이 한정돼 있으니 나온 말이겠지만,
솔직히 저는 그런 표현이 잘 이해되지 않아요.
랜드마크를 위해 들러리처럼 존재하는 풍경이라는 게
과연 있을까요? 하일랜드에도 물론 랜드마크는 있지만,
저한테는 그런 게 그리 중요하지 않았어요. 모든 곳이
신비로웠거든요. 우선 하일랜드 남쪽, 글렌코와
포트윌리엄 지역은 맑고 화창한 날씨가 어울리지
않습니다. 습하고 안개가 자욱하며 흐리고 바람도 많이
불고…. 영화 〈007 스카이폴〉에서 최후의 전투가
벌어지는 곳이 스코틀랜드의 글렌이티브(Glen
Etive)인데요. 미스테리한 본드의 가족사와 잘 어울리는
장소로 등장하죠. 영화 속 그 장면의 분위기를 상상하면
될 것 같아요. 산에 나무가 거의 없어요. 마치 주름진
살갗을 훤히 드러낸 노인처럼 신비롭기도, 괴상하기도
합니다. 자동차 안에서 바라보았는데 계속 감탄할 수
밖에 없었죠. 최북단으로 갈수록 글렌코, 벤네비스(Ben
Nevis)로 대표되는 신비로운 풍경과는 정반대의 목가적
풍경이 존재합니다. 평온하고 아름답죠. 북쪽으로
올라갈수록 맑고 화창한 날씨가 어울립니다. 주민도 적고

관광객도 적어요. 마을마다 위스키 증류소가 있고요.
비가 오면 비오는 대로 신비롭고, 맑으면 맑은 대로
평온합니다. 스코틀랜드 풍경은 날씨가 보여주는 대로
봐야합니다.

고   위스키 이름에도 그렇고, 하일랜드 지명 중 '글렌'이라는
단어가 많이 등장하는데요. 스코틀랜드게일어로 '협곡'을
뜻합니다. 험준한 산지가 많은 하일랜드 지형에서 비롯된
단어인 셈이죠.

박   스코틀랜드 여행의 팁이라면, 하일랜드는 물가가
꽤 비쌉니다. 대중교통만으로 가기 힘든 지역도 많고요.
자동차를 빌려서 구석구석 둘러보길 추천합니다.
그리고 '잉글리시 브랙퍼스트'처럼 '스코티시
브랙퍼스트'라는 게 있습니다. 아침 식사로는 굉장히
해비해서 다 먹으면 하루 종일 배불러요. 스코틀랜드식
순대 해기스(haggis)도 꼭 맛보세요.

고   저 역시 2019년 가을에 취재 차 스코틀랜드를 짧게
다녀온 적이 있습니다. 김종관 감독의 영화 〈조제〉
현지 로케이션 현장을 방문했는데, 에든버러에서 시작해
애버딘(Aberdeen), 스페이사이드(Speyside),
케언곰스 국립공원(Cairngorms National Park)을
돌아보는 일정이었죠.

박 스페이사이드 지역은 못 가봤어요.

고 스페이사이드도 본래 하일랜드에 일부인데, 위스키 증류소가 워낙 많이 모여 있어서 위스키 산업군에서 별도로 분류하고 있어요. 저도 자동차로 이동했는데, 마을을 지나갈 때마다 한 번쯤 들어본 익숙한 증류소가 끊임없이 등장하는 거예요. 그때 글렌리벳(Glenlivet)과 글렌파클라스(Glenfarclas)의 위스키 증류소를 방문할 기회가 있었습니다. 두 곳의 분위기가 사뭇 달라요. 글렌리벳이 좀 더 규모 있는 기업에 가깝게 체계적인 투어를 진행한다면, 글렌파클라스는 몇 남지 않은 가족 경영 증류소라 굉장히 친근한 분위기였죠. 스페이사이드의 자연은 하일랜드의 리허설 같은 느낌이라고 해야 할까요? 목가적 구릉지대가 이어지고, 중간중간 고성이 많습니다. 하일랜드와 경계를 이루는 케언곰스 국립공원에 진입하면 대지의 기운이 확연히 달라집니다. 깊은 계곡으로 빨려들어가는 듯한 느낌이 들어요. 이제 사진을 보면서 각 지역에 해당하는 위스키를 시음해볼까요? 먼저 떠날 곳은 하일랜드 북서부의 스카이섬입니다.

박 스카이섬은 스코틀랜드의 대표 여행지예요. 스코틀랜드 중에서도 풍경이 매우 독특하죠. 제가 갔을 때는 날이 아주 흐리고 기이할 정도로 바람이 강했어요.

공중에 빗방울이 계속 날아다녔고요. 카메라도
전부 젖었습니다. 스코틀랜드 브랜드의 재킷이나 코트는
왜 왁스 코팅이 되어 있는지, 이 지역에 직접 가보면
바로 알게 됩니다. 사진 속 장소는 올드맨 오브
스토르(The Oldman of Storr, 80페이지 사진)예요.
낮은 언덕 같은 산을 올라가면 기괴한 돌이 많아요.
저 돌들이 분명 위스키의 맛에 영향을 끼쳤을 거예요.
리들리 스콧 감독의 영화〈프로메테우스〉초반부에서
인류학자들이 외계 생명체가 남긴 동굴 벽화를 발견하는
장면을 촬영한 곳입니다.

고 탈리스커(Talisker)는 바로 이 스카이섬에 위치한
위스키 증류소예요. 1830년에 설립되어 200여 년
역사를 자랑하죠. 글로벌 주류 기업 디아지오(Diageo)가
소유한 곳이기도 합니다. 디아지오가 스코틀랜드
6개 지역의 증류소, 크래건모어(Cragganmore),
탈리스커, 라가불린(Lagavulin), 오반(Oban),
달위니(Dalwhinnie), 글렌킨치(Glenkinchie)에서
클래식 몰트를 선정하는데, 탈리스커 10년이 그중
하나예요. 은은한 피트 향이 특징입니다. 피트 위스키
입문자들이 즐겨 마시는 편이죠. 다음으로 스코틀랜드
최북단인 던넷 헤드(Dunnet Head)와 서소 비치(Thurso
Beach)로 떠납니다.

박 서소는 아주 작은 마을이에요. 스코틀랜드 북쪽에서는 가장 크죠. 생동감 있는 마을입니다. 생동감도 상대적인 것이라, 에든버러, 글래스고, 인버네스에 비하면 초라하지만 주변의 적막한 자연 덕분에 활기차 보이는 거죠. NC 500 도로를 타고 서소에서 서쪽으로 향하면 사람 없는 땅이 끝없이 펼쳐집니다. 마치 미국 남부를 달리고 있는 것 같은 착각이 들죠. 해안도로 구간도 있는데, 바로 아래가 천길 낭떠러지인 곳도 있어요. 던넷 헤드는 영국 본섬의 최북단입니다. 강한 바람을 견디며 북해를 바라보면 마치 스스로가 뭐라도 된 것 같은 느낌이 드는, 그런 곳입니다.(웃음) 저희는 저녁 즈음 던넷 비치(Dunnet Beach, 79페이지)에 갔는데 꽤 많은 사람이 산책을 하고 있었죠. 해수욕장 규모가 꽤 커서 놀랐고, 잠시 뒤엔 어떤 여자가 말을 타고 바닷가를 달리는 장면을 마주쳤어요. 아주 어둡고 푸른 저녁이었죠.

고 울프번(Wolfburn)은 저도 이번 시음회를 준비하면서 작가님 추천으로 알게 되었습니다. 생소한 신생 증류소입니다. 1821년에 설립해 1858년 이후 운영을 중단했다가 2013년부터 다시 증류를 시작했다고 해요. 첫 위스키가 바로 지금 우리가 시음하는 노스랜드(North Land)입니다. 울프번은 16세기 신화에 등장하는 '바다늑대'로, 마주친 사람에겐 행운이 따른다고 합니다.

아메리칸 오크의 쿼터 캐스크 숙성을 거친 위스키인데, 쿼터 캐스크는 흔히 사용하는 오크통 사이즈의 4분의 1입니다. 한층 농밀하게 향을 입힐 수 있는 장점이 있죠. 그리고 숙성 연도가 표기되지 않았는데, 이를 'NAS'라 해요. No Age Statement의 줄인 말인데, 요즘은 이게 일종의 트렌드가 되었어요. 아무래도 수요가 급증하다보니 과거처럼 10년 이상 숙성을 거친 위스키를 만들기가 어려워졌는데, 도리어 이를 마케팅으로 활용하고 있는 것이죠. 자, 이제 마지막으로 하일랜드 북동부로 향합니다.

박 하일랜드의 남부가 신비롭고 중후한 풍경이라면, 하일랜드 북부(74페이지)는 목가적이고 평온해요. 저 풍경의 일부가 되고 싶었어요. 나중에 집값을 알아보기도 했죠. 브로라(Brora), 골스피(Golspie), 모렌지(Morangie) 등 해안을 따라 작은 마을이 위치해 있고, 한때 유명했던 증류소도 몇몇 있어요. 저녁에 숲길을 산책하는데 수많은 양들이 저희를 보았죠. '쟤들도 동양인 구별할 줄 아나?' 싶었어요.(웃음) 아무래도 사람이 적고 자연은 넓어서 그런가보다 했죠. 글렌모렌지(Glen Morangie)는 번역하면 '평온의 계곡'이란 뜻인데요. 진짜 평온해져요. 스코틀랜드 북부의 최대 도시 인버네스와도 가깝습니다.

고 글렌모렌지는 널리 알려진 싱글몰트 증류소입니다. 특히 루이비통 모에헤네시(LVMH) 그룹이 인수한 이후 좀 더 브랜딩이 명확해졌는데요. 글렌모렌지 오리지널이 가장 대표 위스키이고, 면세점에서 판매하는 시그넷 모델도 유명해요. 오늘 시음하는 퀸타루반(Quinta Ruban)은 굉장히 독특한 위스키로 꼽힙니다. 기존 오리지널 10년 숙성 위스키에 포트 캐스크 숙성을 4년 더 거쳤는데, 도수에 비해 굉장히 부드럽습니다. 포트와인 특유의 달콤하고 드라이한 향을 함께 즐길 수 있습니다.

스코틀랜드 여행 노하우
앞에서 언급한 것처럼 전시를 마친 직후 스코틀랜드를
보름간 여행했다. 노스코스트 500을 비롯해 하일랜드,
스카이섬, 아일라 등 스코틀랜드 여행을 준비하는
이들을 위한 여행 정보를 정리했다.

어떻게 떠나야 할까?
스코틀랜드는 직항편이 없다. 경유편을 이용해 에든버러
혹은 글래스고로 가는 것이 일반적이다. 하일랜드 혹은
스페이사이드 지역을 중심으로 돌아볼 계획이라면 인버네스로
향하는 경유편을 선택하는 것이 동선상 유리하다.
아일라섬을 가기 위해서는 글래스고에서 경비행기를 타거나
렌터카를 이용해 카페리로 가는 방법 중 선택을 해야 한다.
렌터카는 운전대와 차선이 반대지만 외곽 지역은
차량 통행이 적어 초심자도 운전이 어렵지 않다. 외곽 지역의
일부 구간은 왕복 1차선 도로인 경우가 있는데, 반대편에
차량이 보일 경우 가변에 정차하는 것이 로컬 룰이다.

방문 최적기
가장 좋은 여행 시기는 5-6월 혹은 9월로 상대적으로
강수량이 줄어든다. 특히 6월은 밤 11시까지 해가 지지 않는
백야 시즌의 절정이다. 성수기인 7-8월이 날씨가
가장 온화하지만 숙소 예약이 어렵고, 비수기인 11-3월에는
하일랜드 지역의 숙소와 식당 중 문을 닫는 곳이 많다.
아일라섬에서는 매년 5월 아일라 페스티벌이 열리는데,
이 기간은 숙소와 교통편 예약을 1년 전에 해야 한다.

노스코스트 500
하일랜드 지역을 아우르는 노스코스트 500 루트는
스코틀랜드 대자연의 정수를 누릴 수 있는 코스다.
인버네스에서 출발한다면 시계 반대 방향으로 돌아보며
스카이섬을 동선에 추가할 수 있다. 노스코스트
500 구간에는 캠핑 사이트가 드문드문 자리한다.
루프톱 텐트를 장착한 차량을 렌트해 차박을 즐긴다면
좀 더 와일드한 대자연에 다가설 수 있다. 인버네스
부근의 와일드트랙스(WildTrax)에서 루프톱 텐트 차량
렌트가 가능하다.

위스키 증류소 투어
규모가 큰 증류소들은 싱글몰트 위스키의 생산 과정 전반을
살펴볼 수 있는 투어는 물론, 위스키를 비교해가며
시음하는 테이스팅 세션 또한 다양하게 갖추고 있다.
현지 여행사에서 다양한 위스키 투어를 준비하고 있는데,
개별적으로 방문하는 것도 가능하다. 렌터카로 방문해
투어에 참여할 경우 운전자를 위한 테이스팅 위스키를
작은 병에 담아 제공하기도 한다. 겨울에는 투어를 운영하지
않는 증류소도 많으니 방문 전 운영 시간을 확인하자.

노스코스트 500 루트를 따라 여행하며 마주쳤던 장면들.

아일라 바다의 해초는 위스키의 스모키한 풍미에 일조하는 피트가 된다.

하루키

"무라카미 하루키와 인터뷰를 해볼 수 있을까요?"
다소 무모하고 맹랑한 질문임에 분명했다. 사연인즉 이렇다.
무용소 운영을 한 지 얼마 지나지 않아 나는 창간을 준비하는
〈파인더스〉라는 잡지의 편집장을 제안받았다. 매호 하나의
주제로 여러 인물을 다루는 콘셉트였는데, 첫 호의 주제가
'수상한 여행가'로 정해졌다. 여행을 업으로 삼지 않더라도
뭔가 유별난 성취를 이룬 인물을 찾던 중 무라카미 하루키가
거론됐다. 매년 노벨 문학상 후보군에 빠지지 않고
이름이 오르내리는 세계적 소설가이자, 수많은 하루키스트를
양산해온 동시대의 아이콘. 그는 쉬지 않고 소설을 쓰는
틈틈이 에세이 작업도 게을리 하지 않았는데, 높은 지분을
차지하고 있는 여행 에세이에 주목해보기로 했다.
소설가가 아닌 오로지 여행작가로서 하루키와 인터뷰를
시도해보면 흥미롭지 않을까? 이런 순진무구한 발상과 함께

무라카미 하루키
1979년 『바람의 노래를 들어라』로 '군조 신인문학상'을
수상하며 소설가로 데뷔했다. 이후 『노르웨이의 숲』
『해변의 카프카』 『1Q84』 등 다수의 소설과 에세이가 화제를
모으며 세계적 작가의 반열에 올랐다. 직접 라디오 DJ로
활동한 바 있으며, 달리기, 위스키, 재즈 감상 등 다양한 취미
활동을 꾸준히 이어왔다.

파인더스
콘텐츠그룹 재주상회, 어반플레이, 프립이 공동으로 제작한
라이프스타일 매거진. 1호 '수상한 여행가' 2호 '레터 하는
사람들' 주제로 제작을 했지만 아쉽게도 잠정적 휴간 상태다.

조금 들뜬 마음으로 한국에서 하루키의 작품을 관리하는 에이전시를 수소문해 전화를 걸었다.

"아마 쉽지는 않을 거예요. 그래도 혹시 모르니 현지 에인전시에 연락은 해볼게요." 인터뷰 요청에 에이전시 담당자는 애써 담담하게 답했다. 일단 거절은 아니었으니 일말의 희망을 품었다. 그런데 한 달이 지나도록 어떠한 소식도 들려오지 않았다. 잡지 창간호의 마감 일정은 빠듯하게 다가오던 중이었다. 더는 지체할 수 없어 현지 에이전시에 직접 연락을 해보기로 했다. 지인의 도움을 받아 일본어로 작성한 서면 인터뷰 질문지를 첨부해 메일을 보냈다. 이틀쯤 지나 현지 에이전시로부터 회신이 도착했다. 두근두근.

"무라카미 하루키 씨는 정해진 스케줄로 인해 당분간 인터뷰에 응할 수가 없습니다." 그렇다. 평소 인터뷰를 잘 하지 않기로 유명한 하루키가 (공식적으로 그는 출판사를 제외하면 국내 매체와 인터뷰를 진행한 적이 없다) 이제 막 창간을 준비하는 신생 잡지사와 인터뷰를 하리라 기대한 것 자체가 허무맹랑한 일이었다. 예의상 '당분간'이라는 표현을 썼지만, 단호한 거절임에 분명했다. 대신 하루키의 작품 속 문장과 사진을 인용하는 것은 가능하다고 답이 왔다. 조금은 김이 샌 기분으로 하루키의 여행 에세이를 분석하고, 인상적인 문장들을 발췌하고, 하루키의 여행 스타일에 관한 에세이를 수록하는 것으로 잡지 지면을 채워야 했다.

하루키 때문에 위스키에 심취하게 된 건 결코 아니었다. 그럼에도 그의 작품에 수없이 등장한 위스키는 은연중

나의 기억 어딘가에 잔상으로 남았고, 위스키를 알아가면서
하나씩 실체를 드러냈다. 하루키의 소설을 섭렵한 이라면
한 번쯤 커티삭이라는 이름의 위스키에 호기심이 동할 것이다.
초기작 『양을 쫓는 모험』부터 『세계의 끝과 하드보일드
원더랜드』 『댄스 댄스 댄스』 『태엽감는 새』 『색채가 없는
다자키 쓰쿠루와 그가 순례를 떠난 해』까지 무려 6편의
소설에 반복해서 등장하니 말이다. 가장 궁금증을 증폭시킨
대목은 『1Q84』에 나온다.

>남자는 문득 생각난 듯 커티삭이 있느냐고 물었다.
>있다고 바텐더는 말했다. 나쁘지 않아, 아오마메는
>생각했다. 그가 선택한 게 시바스 리갈이나 까다로운
>싱글몰트가 아닌 점은 마음에 들었다. 바에서 필요
>이상으로 술의 종류에 집착하는 인간은 대개의 경우
>성적으로 덤덤하다는 게 아오마메의 개인적인 견해였다.

『1Q84』를 읽고 얼마 지나지 않아 바에 갈 일이 생긴 나는
문득 생각난 듯 바텐더에게 커티삭이 있느냐고 물었다.
소설과 달리 현실에서 나는 까다로운 손님이 구는 것처럼
메뉴에도 없는 커티삭 하이볼을 주문했다. 처음 맛 본 커티삭
하이볼의 맛은 밍밍했고 어쩐지 좀 평범했다. 위스키 향을
살짝 가미한 탄산수의 맛이라고 해야 할까? 그도 그럴 것이
커티삭은 애시당초 가볍고 부드러운 맛을 추구하는 미국
시장을 겨냥한 스코틀랜드의 블렌디드 위스키다. 상징과도

같은 녹색병을 감싼 노란 라벨의 돛단배는 본래 홍차를 싣고 나르던 커티삭이라는 이름의 범선이다. 기존에 독주라는 이미지가 유독 강했던 스카치 위스키는 커티삭과 함께 미국은 물론 영국 본토에서도 놀라운 반향을 일으키며 그야말로 돛 달린 듯이 팔려나갔다.

　바에서 경험한 커티삭은 좀 실망스러웠지만, 훗날 진가를 알게 됐다. 일단 커티삭은 술집보다 집에서 즐기는 편이 낫다는 결론에 이르렀다. 그리고 니트나 온더록보다 탄산수를 넣어 마시는 하이볼이 확실히 매력적이다. 근래에는 주류 상점뿐 아니라 편의점에서도 쉽게 만날 수 있는데, 가격부터가 일단 부담스럽지 않다. 500ml 사이즈는 2만 원 이하로 구입할 수 있다. 평소 1-2병 정도 구비해 두었다가 갈증이 날 때면 하이볼을 만들어 마신다. 나만의 커티삭 하이볼 레시피는 이렇다. 얼음잔에 커티삭을 60ml 정도 따르고 탄산수와 함께 레몬을 듬뿍 짜 넣는다. 평소보다 2배 정도의 위스키에 레몬까지 가미되니 커티삭 특유의 산뜻한 풍미가 한층 도드라진다.

　이후 커티삭 하이볼은 무용소 위스키 시음실의 고정 메뉴가 됐다. 일단 평소 즐기던 하이볼과 비교해 맛이 진하고, 무엇보다 커티삭이 등장했던 하루키의 작품을 하나씩 열거하면 왠지 모르게 품격이 상승하는 기분도 들었다. 물론 『1Q84』의 그 대목은 늘 그렇듯 아껴뒀다 마지막에 풀어놓는다.

　하루키는 장편소설 중 『기사단장 죽이기』에 작정이라도

한 듯 수많은 위스키를 출연시켰다. 시바스 리갈과 듀어스 같은 상징적인 블렌디드 위스키는 물론, 라프로익과 주라 같은 싱글몰트 위스키까지 여러 장면에서 다양한 위스키가 등장한다. 실제 위스키 애호가이기도 한 그는 위스키를 주제로 여행을 다녀오기도 했다. 스코틀랜드의 아일라 섬과 아일랜드를 여행하며 위스키 증류소를 탐방한 여정을 엮어 『무라카미 하루키의 위스키 성지여행』(현재는 『만약 우리의 언어가 위스키라고 한다면』으로 개정)을 펴냈다. 나온 지 20년이 훌쩍 지난 이 단출한 여행서는 하루키스트뿐 아니라 위스키 애호가라면 한 번쯤 읽어야 할 바이블이 됐다. 위스키의 단짝으로 굴을 빼놓을 수 없게 된 것 역시 이 책의 지분이 상당하다. 하루키는 피트 위스키의 성지인 스코틀랜드 아일라섬으로 여행을 떠나 생굴과 바다 내음 짙은 피트 위스키를 즐기며 다음과 같은 감상평을 남겼다.

> 껍질 속에 든 생굴에 싱글몰트를
> 쪼로록 끼얹어서는 바로 입으로 가져갔다.
> 으-음. 정말이지 환상적인 맛이다.

이 문장을 마주한 적이 있는 위스키 애호가들은 겨울이면 너도 나도 생굴과 피트 위스키의 조합에 골몰한다. 이탄 혹은 토탄이라 불리는 피트는 싱글몰트 위스키의 주재료인 맥아를 건조시킬 때 사용하는 스코틀랜드의 연료다. 갯벌과 습지의 흙과 식물이 오랜 시간 굳어서 형성된 천연

연료인데, 피트 훈연 작업을 거치면 특유의 갯내음이 위스키에 풍미를 더하게 된다. 스모키한 피트 향은 다소 호불호가 갈리지만, 한번 중독되면 헤어나오기 힘든 특유의 매력이 있다. 그중에서도 여전히 전통 방식대로 맥아를 피트에 훈연시키는 아일라의 위스키들은 굴과 만났을 때 하루키의 표현 그대로 '환상적인' 맛을 낸다. 그렇다고 모든 아일라 위스키가 굴과의 조합이 뛰어난 것은 아니다. 아드벡이나 라가불린처럼 피트 향이 너무 과하게 들어간 위스키는 오히려 굴의 맛을 반감시킨다. 피트 함량은 페놀 농도로 측정하는데, 30ppm 이내인 보모어 정도가 딱 적당하다. 또한 싱글몰트는 아니지만, 스코틀랜드 섬 지역의 위스키로 블렌딩한 락 아일랜드 역시 굴과의 조합이 훌륭한 블렌디드 위스키다. 본래 이 위스키의 이름은 굴과의 페어링을 위해 '락 오이스터'라 불렸는데, 스코틀랜드 지역을 강조하면서 개명된 것이라 한다.

    무용소에서도 겨울이면 피트 위스키와 굴을 페어링하는 메뉴를 시즌 한정으로 준비했다. 보모어, 라프로익, 락 오이스터 등의 위스키와 생굴을 조합해 먹는 방식으로 메뉴를 선보였는데 역시나 반응이 뜨거웠다. 평소 피트 위스키에 부담을 느낀 이들도 이 생소한 조합을 기꺼이 즐겼다. 피트 위스키와 겨울 굴. 만에 하나 하루키와의 인터뷰가 극적으로 성사되는 날이 온다면 이 완벽한 조합을 알게 해준 그에게 감사의 말을 건네는 것으로 시작하고 싶다.

무용소에서 겨울마다 선보인 굴과 피트 위스키 페어링 메뉴.

하루키

김종관

여행이든 술자리든 동행하는 사람에 따라 경험과 재미의 폭이
달라지기 마련이다. 여행에서의 술자리라면 더욱 그럴 테고.
여행 잡지사의 출장은 대개 사진가와 동행할 확률이 높고,
사적인 여행이라면 아무래도 아내와 함께 떠날 때가 많았다.
간혹 출장에 따라 별도의 인물을 섭외하기도 한다. 기사에
어울리는 전문가와 동행하는 형식의 기획을 할 때면 말이다.

　　김종관 감독과는 2018년 〈론리플래닛 매거진〉의 부산
동행 취재를 함께한 이후 느슨하게 인연을 이어갔다. 같은 해
겨울, 홋카이도로 영상을 촬영하는 출장이 급하게 잡혔는데,
혹시나 싶은 기대감으로 그에게 촬영 의뢰 연락을 해봤다.
홋카이도에 남다른 기억을 갖고 있던 김종관 감독은 흔쾌히
제안을 수락했고, 나를 포함한 최소한의 스태프를 꾸려
영상에 나래이션을 입힌 서정적인 단편영화 〈하코다테에서
안녕〉을 완성시켰다. 일본정부관광국과 함께 홋카이도의
겨울을 주제로 여행 영상을 만드는 단출한 프로젝트가 별안간
영화의 영역으로 업그레이드된 셈이다.

　　김종관 감독과의 인연은 사석에서의 술자리로도
이어졌다. 한 번은 그의 작업실에 놀러간 적이 있는데,
아직도 그 날의 기억이 생생하다. 커피를 내려 마신 뒤 그가

김종관
독립영화와 상업영화의 경계를 넘나들며 독자적 필모그래피를
쌓아온 영화감독. 단편영화 〈폴라로이드 작동법〉을
비롯해 〈최악의 하루〉 〈더 테이블〉 〈조제〉 〈아무도 없는 곳〉 등
특유의 서정적 무드를 작품에 담아내고 있다.

찬장 속 위스키를 하나씩 꺼내기 시작했다. 첫 잔은
칸 모어의 스페이사이드 리미티드 16년, 그 다음엔 라가불린
디스틸러리 에디션, 세 번째는 일본의 닛카 12년이었다.
내어준 위스키 자체도 모두 생소했지만, 누군가의 사적인
공간에서 이렇게 다른 위스키를 차례대로 비교해가며
음미해본 경험은 그 날이 처음이었다. 대개는 1병을 가운데
두고 첫 잔을 마실 때 "흠 이 위스키 맛 괜찮네" 정도의
품평을 남긴 뒤 병이 비워질 때까지 홀짝홀짝 마시는 게
다반사였으니.

    무엇보다 위스키의 종류에 따라 마시는 순서를 달리하면
한층 그윽한 풍미를 느낄 수 있다는 사실도 알게 됐다.
가령 화사한 스페이사이드 위스키는 첫 잔으로 좋다. 묵직한
피트향이 나는 아일라 위스키는 후순위로 미뤄야 다른
위스키의 맛을 해치지 않는다. 강렬한 풍미와 높은 도수로
유독 존재감을 드러내는 캐스크 스트렝스 위스키는 마지막
잔으로 어울린다. 위스키에 관한 남다른 취향을 가진
김종관 감독과 만날 때면 이처럼 새로운 위스키를 탐미하는
즐거움이 있었다.

    "언제 스코틀랜드로 위스키 취재하러 같이 가시죠."
술자리에서 그에게 실없이 그런 농담을 건네곤 했다. 그런데
그 말이 영화처럼(?) 현실이 되고 말았다. 2019년 김종관
감독은 영화 〈조제, 호랑이 그리고 물고기들〉의 리메이크작을
연출하게 됐고, 스코틀랜드 장면이 영화에 등장하게 될
거라고 귀띔해줬다. 본 촬영에 앞서 일주일 먼저 김종관

감독을 포함한 소수의 스태프가 스코틀랜드로 현장 답사를 떠난다는 소식과 함께. 나는 기민하게 기획을 짜냈고, 마침내 촬영팀과 동행하는 스코틀랜드 취재를 성사시켰다.

스페이사이드. 그러니까 스카치 위스키의 성지로 불리는 곳이 촬영의 주무대였다. 김종관 감독을 포함한 촬영팀은 스페이사이드에서 비교적 가까운 애버딘을 베이스캠프 삼아 일대의 중세 마을과 버려진 고성을 돌며 영화에 어울리는 장소를 하나씩 체크했다. 그들은 이미 한 차례 사전 답사를 진행한 터라 스페이사이드 곳곳을 내밀하게 알고 있었다. 문제는 보통의 여행 잡지 에디터라면 관심을 기울이지 않을 쓸쓸하고 인적 드문 무명의 들판과 외딴 골목이 영화에서 중요한 장소라는 점. 이를 기사로 어떻게 풀어내야 할지 동행하는 내내 근심에 잠겼지만, 그럼에도 좀처럼 흥분이 가라앉질 않았다. 촬영 리스트에는 위스키 증류소도 포함되어 있었으니까.

스카치 위스키 중 스페이사이드는 독보적인 존재감을 발휘하는 곳이다. 싱글몰트 위스키의 절반 이상인 60여 증류소가 일대에 산재해 있다. 맥캘란, 발베니, 글렌피딕 등 위스키를 잘 모르는 이라도 한 번은 들어봤을 법한 인기 증류소를 포함해 국내 바에서 찾기 힘든 희귀 증류소가 마을 건너 하나씩 자리한다. 굽이굽이 지류를 형성한 160킬로미터 길이의 스페이강은 위스키의 핵심 원료. 유독 강물의 빛깔이 짙어 보였는데 다른 지역에 비해 높은 함량의 미네랄 때문이라고. 여기에 스페이사이드에서 난 맥아와 효모를

첨가하고 셰리주를 담근 오크통에 다년간 숙성시켜
균형 잡힌 싱글몰트 위스키를 만들어낸다.

당시 나는 촬영팀과 함께 2곳의 증류소를 방문했다.
1824년 스코틀랜드 최초로 위스키 증류 면허를 취득한
글렌리벳은 영국 왕실에서 인정할 만큼 명성이 높았는데
같은 이름을 내건 가짜 위스키가 기승을 부리기 시작했다.
정관사 'The'가 이름 앞에 붙은 위스키만이 글렌리벳으로
불리게 된 사정이다. 김종관 감독은 글렌리벳 증류소에서
영화에 쓰일 빈티지 위스키를 하나 골랐고, 촬영팀은 주변
마을과 풍경을 꼼꼼하게 스케치했다.

그 다음에 찾은 곳은 글렌파클라스. 스코틀랜드에서도
몇 남지 않은 가족 경영 방식의 소규모 증류소다. 현지인
사이에서 '위스키 산'이라 불리는 벤 리네스 봉우리 아래에
자리한 증류소는 검게 그을린 외벽과 빨간 나무문이 묘하게
대조를 이루고 있었다. 미리 예약을 하지 않았지만 친근한
증류소 직원이 내부를 세심하게 안내해줬다. 테이스팅
룸에서는 김종관 감독과 함께 글렌파클라스 15년을 한잔씩
시음했다. 대단히 놀라운 맛은 아니었다. 예상을 벗어나지
않는 스카치 위스키 특유의 화사한 맛과 향을 적당하게
머금고 있었다. 증류소를 떠나기 전 글렌파클라스의 미니어처
세트를 하나 구입했고, 이후 무용소 선반 한쪽에 진열해
두었다. 이를 물끄러미 응시할 때면 그날의 위스키와
스페이사이드의 정경이 하나씩 떠오르곤 한다.

김종관 감독이 연출한 영화 〈조제〉는 이듬해 개봉했다.

영화관에서 당시 내가 촬영팀과 누비던 스페이사이드의 외딴 들판과 마을 그리고 2곳의 증류소를 마주할 수 있었다. 스코틀랜드 장면은 기대보다 짧았지만, 주인공 조제가 그곳에 이르는 과정은 원작과 다른 감동을 주었다. 무엇보다 조제가 스코틀랜드로 향하기 전에 남긴 말이 내내 맴돌았다. 그리고 그 대사는 내가 위스키 중 유독 스카치 위스키에 매혹된 이유를 대변하기도 한다. "술은 그곳의 공기를 먹고 그곳의 물로 지어지는 거야. 숲과 땅과 바람의 냄새를 알고 술을 마시면 더 맛있는 법이지."

무용소를 열고 나서 김종관 감독과의 만남은 자연스럽게 잦아졌다. 서촌에 거주하는 그는 일종의 루틴처럼 무용소를 찾아오곤 했다. 더불어 촬영 장소로 무용소를 여러 차례 등장시키기도 했다. 배우 신세경이 서촌의 여러 장소를 여행하듯 돌아보는 〈어나더레코드〉를 비롯해 아이돌 그룹 세븐틴의 원우와 민규가 유닛으로 활동하며 발표한 〈Bittersweet〉 뮤직비디오 그리고 개인 작업으로 촬영한 〈만들어진 이야기〉까지, 어느덧 그의 주요 로케이션 촬영 장소 중 하나가 됐다.

무용소가 김종관 감독이 즐겨 찾는 장소라 소문이 난 덕분에 그의 팬들이 찾아오는 일이 늘었다. 그리하여 그에게 헌정하는 팝업 전시를 준비했다. 김종관 감독의 영화 속 테이블을 주제로 한 '더 테이블(The Table)'이 프로젝트의 타이틀. 〈더 테이블〉부터 〈최악의 하루〉〈조제〉〈아무도 없는 곳〉까지 김종관 감독이 연출한 4편의 영화 속 테이블을

주제로 소품과 장면, 대사를 곳곳에 배치하고, 감독이 평소
애정하는 차와 위스키를 시음할 수 있도록 공간을
재구성했다. 김종관 감독이 서촌에서 촬영한 로케이션 장소를
모아 리소그래프 지도도 별도로 제작했다. 영화 〈아무도 없는
곳〉에서 바텐더가 주인공에게 건넨 대사를 활용한 이벤트
또한 제법 흥미로운 반응을 이끌어냈다. "재밌는 기억을
주면 제가 술 한잔을 사는 거예요. 술 한잔에 팔 기억 같은 거
없으세요?" 메모지에 자신이 팔고 싶은 기억을 적어서
제출하면 위스키를 1잔 주는 방식. 그렇게 위스키와 바꾼
수십 개의 기억은 팝업이 끝난 이후 김종관 감독에게
전달이 됐다. 파편처럼 흩어진 누군가의 기억이 김종관 감독의
영화 속 장면으로 등장되길 바라는 마음으로.

P.S.
무용소가 운영을 중단하기 직전인 2024년 8월.
김종관 감독은 영화 〈흐린 창문 너머의 누군가〉
촬영 장소로 또 한번 무용소를 선택했다.
무용소의 마지막 모습을 어떻게 담았을지 궁금하다.
기회가 닿는다면 김종관 감독이 촬영한 무용소의
장면들만 모아 작은 상영회를 진행해보고 싶다.

김종관 감독의 영화를 주제로 기획한 '더 테이블' 팝업 전시.

김종관

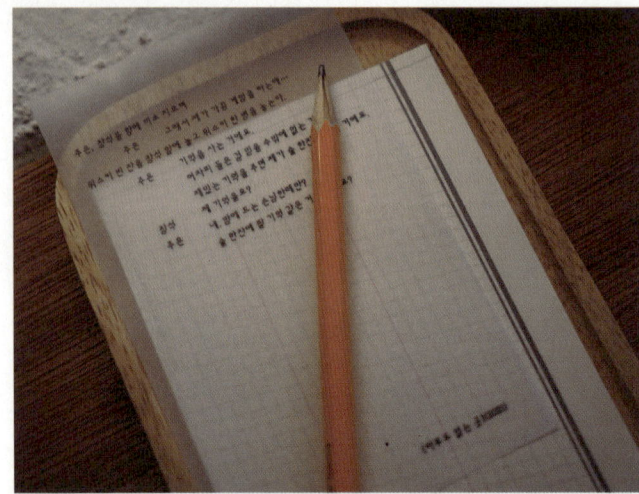

탑연 전시 기간 자신의 기억과 술 한 잔을 교환하는 이벤트를 진행했다.

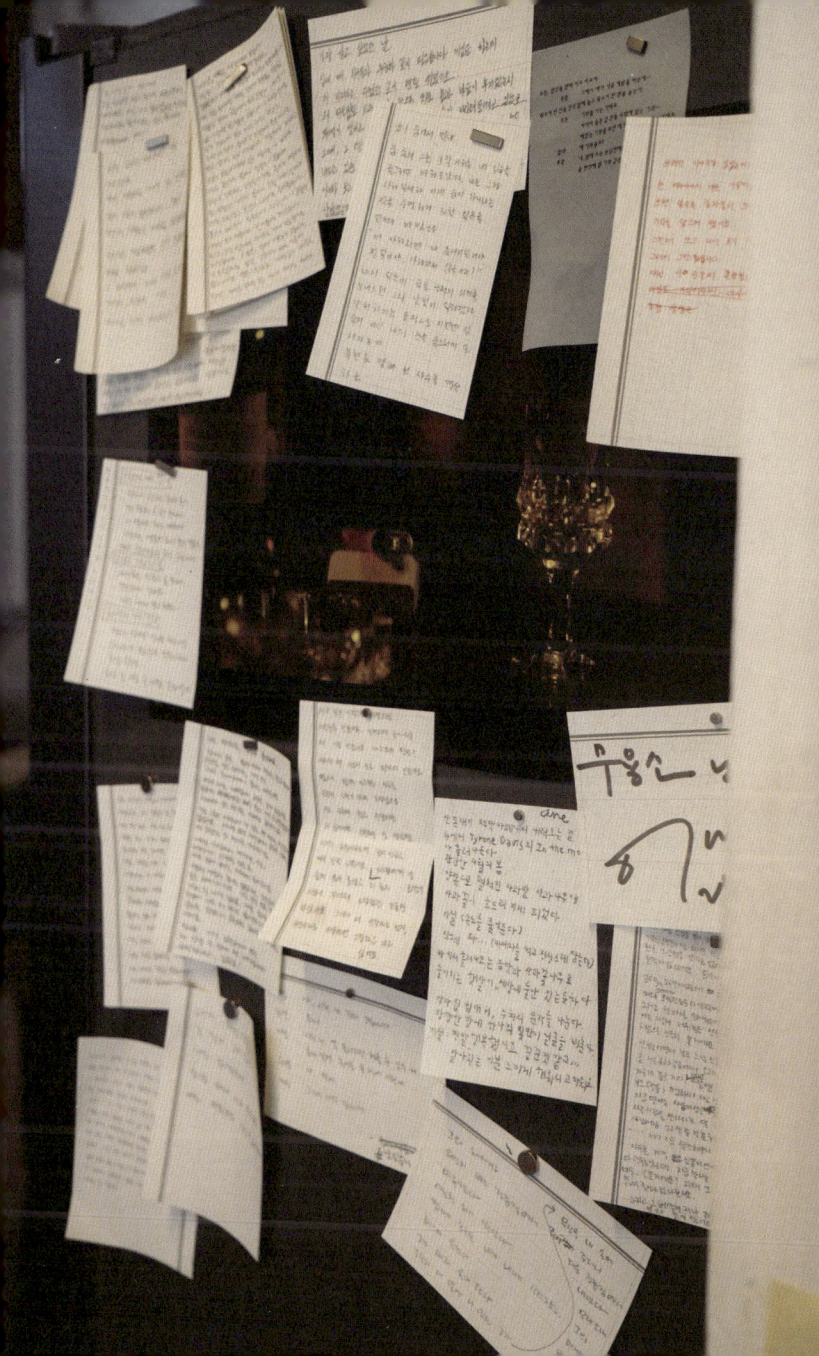

김종관 감독 영화의 소품과 사진, 대사로 꾸민 팝업 전시 공간.

김종관 감독의 서촌 로케이션 맵

김종관 감독의 '더 테이블' 팝업 전시 때 그가 서촌에서 촬영한 영화, 뮤직비디오, 다큐멘터리에 등장한 장소를 안내하는 지도를 제작했다.

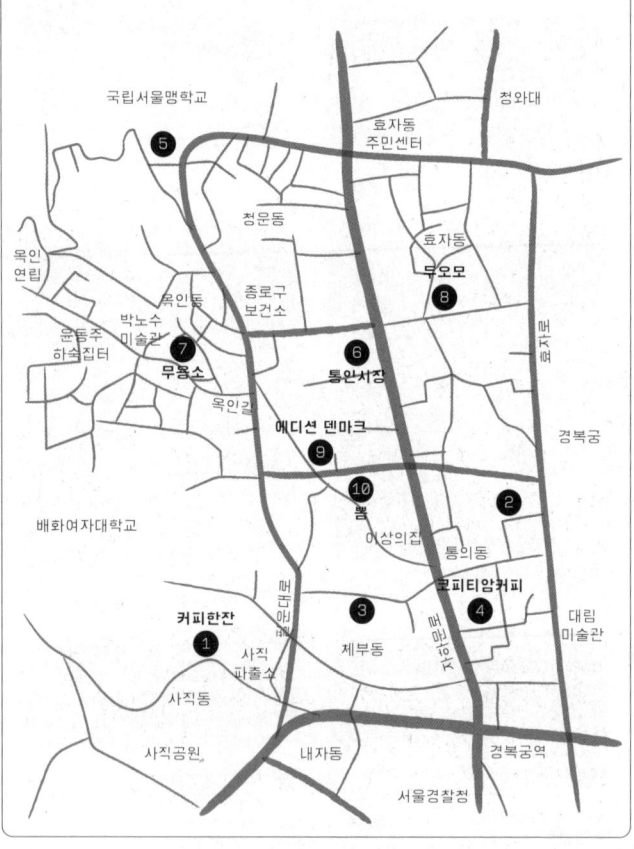

① 커피한잔
〈최악의하루〉(영화, 2016)

② 효자로7길 6-1
〈최악의하루〉(영화, 2016)

③ 자하문로5길 25
〈더 테이블〉(영화, 2017)

④ 코피티암커피
〈아무도 없는 곳〉(영화, 2021)

⑤ 필운대로 87-1
〈아무도 없는 곳〉(영화, 2021)

⑥ 통인시장 〈Bittersweet〉
(세븐틴 원우&민규 MV, 2021)

⑦ 무용소 *운영 중단
〈어나더레코드〉(다큐, 2021)

⑧ 두오모
〈어나더레코드〉(다큐, 2021)

⑨ 에디션 덴마크
〈기대〉(디오 MV, 2023)

⑩ 뽐
〈기대〉(디오 MV, 2023)

서촌

무용소를 열고 초기에는 제법 분주하게 시간을 보냈지만, 코로나19와 사회적 거리두기로 인해 대체로 조용히 시간을 보내는 날이 많아졌다. 2년차 때는 내가 잠시 〈파인더스〉 매거진 팀에 합류하면서 주말에만 잠깐 출근을 하고 아내가 거의 전담하다시피 무용소를 운영하던 시절도 있었다. 2022년 여름을 기점으로 아내는 재택근무를 마치고 다시 회사 출근을 시작했다. 그 이후로 무용소 운영은 사실상 내가 홀로 맡아야 했다.

낮에는 디자인 스토어, 저녁에는 위스키 시음실이라는 초창기의 야심찬 콘셉트도 차츰 희미해질 수밖에 없었다. 무용소는 당초의 취지대로 작업실에 가까운 용도로 돌아왔다. 물론 커피나 위스키를 마시기 위해 이따금씩 사람들이 찾아왔다. 그렇지만 팝업 형식의 프로젝트를 진행할 때를 제외하면 홀로 보내는 시간이 대다수였다.

나는 주로 바 테이블에 앉아 노트북을 켜고 청탁 받은 잡지 원고를 썼다. 통창 너머로 골목길을 오가는 사람들의 시선을 피하기 위해 합판으로 만든 접이식 파티션을 펼쳐 놓기도 했다. 드문드문 출장이나 외부 일정 때문에 불가피하게 문을 못 열기도 하고, 운영 시간을 바꾸는 일도 잦았다. 그야말로 방문객에게 친화적이지 않은 이 불편한 공간을 일부러 찾아와주는 분들에게 감사한 마음과 더불어 호기심이 일기도 했다. 어떤 하루는 신기하게도 1-2명씩 들어오고 나가는 일이 반복돼 이를 인스타그램 피드에 다음과 같이 기록을 남겼다.

15:00 서촌 주민이라 밝힌 남성. 과묵하게 위스키
테이스팅을 하고 감. 최근 위스키에 입문했다고.

16:00 쓰리소사이어티 증류소의 마스터 디스틸러인 앤드류
부부. 오랜만에 서촌에 나온 김에 궁금해서 들렀다고
함. 덕분에 즐겁게 스코틀랜드 여행과 위스키 수다를
나누었던 시간.

18:00 주기적으로 찾는 (희소하고 감사한) 단골.
늘 마감 직전에 쫓기듯 위스키를 마셨는데 비교적
이른 시간에 와서 느긋하게 마시고 감.
언제나처럼 차분하게 2잔 시음.

19:30 나홀로 찾아온 여성. 위스키 샘플러를 주문하고
조용히 독서에 몰두하던 중 일이 생겼는지 다급하게
택시를 불러서 나감.

20:20 전화 예약을 하고 찾아온 커플. 아무도 없는 곳이라
서로가 잠시 머쓱. 그래도 마감 때까지 잘 머물다
감.

20:40 반려견 동반 여성. 강아지는 하이볼 한잔을 비울
때까지 인내심 있게 기다려줌.

매일 같이 무용소로 출근을 반복하면서 자연스럽게 서촌과도 더욱 친숙해졌다. 구석구석 모르던 골목도 돌아보고 새롭게 알게 된 상점이나 카페, 식당도 늘어났다. 세계 각국의 희귀 독립출판물과 아트북을 선별한 서점, 직접 핸드 로스팅을 하여 매일 다른 원두로 핸드드립을 내는 테이크아웃 카페, 일주일에 토요일 하루만 문을 여는 스콘 가게 등 저마다 주인들의 내밀한 취향을 엿볼 수 있는 곳들이다.

 서촌에서 체류하는 시간이 길어질수록 동네를 향한 애정도 한층 짙어졌다. 앞서 잠시 언급했지만 무용소가 자리한 서촌은 서울에서도 꽤 독특한 분위기가 풍기는 동네다. 서울 도심 한복판에 위치해 있으면서도 고도제한으로 건물 높이가 나직한 덕분에 도시답지 않은 다정한 정서가 곳곳에 흐른다. 겸재 정선이 남긴 〈인왕제색도〉의 무대가 된 수성동 계곡을 비롯해 윤동주 하숙집 터, 이상 가옥, 보안여관, 홍건익 가옥, 박노수 미술관 등 근대의 시간을 품은 문화유산 또한 즐비하다. 서촌을 거닐다 보면 마음이 한결 누그러진다. 고층 빌딩이나 아파트가 도열한 동네에서 느끼기 힘든 넉넉한 기운이 배인 덕분이다.

 나와 아내는 서촌에 집을 얻어 살고 싶다는 생각을 품기 시작했다. 작업실을 알아볼 당시 얼굴을 튼 몇몇 부동산을 오가면서 우리가 살 만한 집이 나와 있는지 수시로 확인했다. 서촌의 주거 형태는 크게 빌라와 한옥, 단독주택 정도로 나뉘는데, 실상 단독주택은 거의 찾기 힘든 실정이었다. 그러던 중 뜻밖의 집을 발견했다. 공예, 디자인 업계에서 오랜

기간 에디터와 편집장으로 일해온 정성갑 대표님이 자신이
살던 집을 내놓는다는 피드를 인스타그램에 올린 것.
서촌의 오래된 구옥을 헐어 3층짜리 협소주택을 짓는 과정을
기록한 에세이 『집을 쫓는 모험』을 흥미롭게 읽었는데,
바로 그 집이 임대로 나왔다는 소식이었다. 두근거리는
마음으로 인스타그램 DM을 보냈고, 그렇게 집을 쫓는 모험의
주인공과 조우했다.

    누하동 안쪽 골목에 자리한 집의 외관은 책의 표지와
쏙 닮았다. 우리는 대표님의 안내와 함께 집안 곳곳을 천천히
둘러봤다. 1층은 수납장이 잘 짜여 있었고, 2층은 아이들을
위한 침대가 놓여 있었으며, 3층은 침실과 부엌으로 나뉘어
있었다. 층별로 6-8평 남짓의 아담한 사이즈지만 각 공간
구획이 확실한 집. 무엇보다 층마다 창을 기가 막히게 낸
집이었다. 특히 3층 창문은 액자처럼 북악산과 회화나무의
정경을 온전하게 품고 있었다.

    기분이 싱숭생숭했다. 분명 인생에서 다시 경험하지
못할 정도로 빼어난 전망을 갖춘 집이지만, 과연 우리가 살 수
있을까 싶은 의문이 들었다. 기존의 가구를 거의 사용할 수
없는 것도 그런 걱정에 한몫했다. 집 구경을 마친 뒤에
나는 아무래도 어렵겠다는 생각으로 아내와 얘기를 나누는데,
아내는 그 집에 대한 열망이 강해 보였다. 특히 3층에
사방으로 낸 창에서 들어오는 환한 햇살에 단단히 빠진
듯했다. 이전에 작업실을 구할 때 아내가 내세운 조건 "볕이
잘 드는 곳"에 딱 부합했기 때문이다.

우리 부부는 작업실을 계약할 때를 반면교사 삼아 신속하게 결정을 내렸다. 그렇게 누하동의 협소주택과 인연이 됐다. 이사 첫 날, 현관 자물쇠 배터리가 닳아 바깥에서 문을 열지 못한 채 한밤중에 열쇠 수리공을 부르는 소동극을 겪기도 했다. 맥시멀리스트 부부답게 이고지고 온 짐들을 제대로 풀지도 못한 채 서촌살이를 시작했다. 고행의 피로와 함께 숙면을 취한 다음 날 아침, 창 밖으로 펼쳐지는 동네 정경을 바라보면서 이 집으로 이사오길 잘했다는 생각이 들었다.

서촌으로 이사를 한 이후 나의 출퇴근 시간은 혁신적으로 줄어들었다. 무용소까지 도보로 불과 5분 거리이기에 집에 급한 일이 생기면 후다닥 다녀오기도 했다. 어쩌면 무용소에서 이래저래 팝업 이벤트를 벌인 이유는 이처럼 집과 가까워진 거리가 한몫했을 것이다. 수시로 공간을 한바탕 뒤바꿀 때마다 짐을 옮기는 부담이 사라진 탓에 평소라면 구상만 하다가 끝날 일도 좀 더 과감하게 밀어부칠 수 있었던 것 같다.

이제 서촌에 거주한지 3년차가 됐다. 단순히 무용소를 출근할 때와는 또 다른 기분으로 동네를 누리고 있다. 평일 저녁에는 퇴근을 하고 돌아온 아내와 함께 느긋하게 동네 산책을 다닌다. 아침에는 홀로 인왕산 둘레길을 걷기도 하고, 휴일에는 좀 더 먼 거리로 경복궁 돌담길을 지나 북촌까지 걸어서 다녀오기도 한다. 걸어서 다닐 수 있는 동네의 반경이 차츰 넓어지고 새로운 골목과 장소를 발견할 수록 서촌에 더욱 애착을 느낀다. 이는 분명 다른 동네에 거주할 때 누리지 못한 경험이다.

그 사이 무용소가 자리했던 옥인길의 풍경도 조금씩 달라졌다. 단골 우동집 사장님은 제주로 이주해 떠났고 정통 도쿄식 소바를 내던 식당은 술집으로 바뀌었다. 동네를 오가는 사람들이 바뀌면서 동네 풍경이 달라지는 것은 어찌 보면 자연스러운 수순이다. 다만 이곳에 거주하는 주민들에게 그런 변화가 모두 반가울 수는 없다. 오래된 가게의 간판이 사라진 모습을 마주칠 때면 왠지 쓸쓸한 기분에 잠긴다. 이제는 안경점으로 바뀐 무용소를 지나칠 때도 물론.

아
줄
레
주

앞서 가장 인상 깊은 여행지로 스코틀랜드를 언급했지만, 아쉽게 탈락한 여행지가 하나 있다. 바로 포르투갈. 우리 부부는 공교롭게도 같은 대학교에서 같은 학번에 같은 학과인 포르투갈어를 전공했다. 다만 둘 다 브라질로 어학연수를 다녀왔고, 정작 포르투갈은 대학교를 졸업하고 10년도 더 지난 2019년 여름 휴가 때 처음 가봤다. 당시 여행은 나와 아내에게 의미심장한 터닝 포인트가 되어 주었다.

    우리 둘 모두 오랜 회사 생활에서 번아웃을 겪던 타이밍이었다. 나의 경우 여행 잡지 일을 위한 출장을 수없이 다녔지만, 어느 순간 여행의 감흥을 잃어버린 듯했다. 기사에 어울릴 법한 장면을 좇고 취재에 몰두하느라 정작 여행의 즐거움을 놓치는 기분이었다. 아무런 목적 없는 휴가를 떠나서도 취재의 강박을 느끼는 나 자신에게 때로 환멸 비슷한 기분을 느낄 때도 있었다. 그해 여름의 포르투갈 여행에서도 마찬가지였다. 미리 섭외를 해둔 것은 아니지만, 마치 언젠가 기사로 쓸 일이 생기지 않을까 노심초사하며 여행 내내 사진을 찍고 기록을 남겼다.

    그런데 그런 나 자신을 받아들이기로 한 것 역시 포르투갈에서였다. 단지 직업적 강박이 아니라 뭔가를 기록하고 이를 결과물로 만드는 여행을 진심으로 좋아했던 게 아닐까란 생각. 이듬해 나는 코로나19와 함께 장렬하게 퇴사하며 더는 여행 매거진에 적을 두고 있지 않지만, 이후에 무용소를 열고 프리랜서로 일을 하며 여전히 여행에 관한 무언가를 만드는 일에 몰두하고 있다.

아내에게 포르투갈 여행은 좀 더 극적인 터닝 포인트가 됐다. 패턴 디자인에 관심을 갖고 습작을 하던 중 포르투갈의 리스본과 포르투에서 시시각각 마주한 아줄레주 타일은 아내가 자신만의 브랜드를 만들어보겠다는 결심에 불을 지폈다. 그렇게 탄생한 것이 바로 폴카랩이다. 포르투갈 아줄레주 패턴 스타일을 차용해 여행에서 얻은 영감을 패턴으로 표현하는 브랜드. 각 패턴을 패브릭, 에코백, 코스터, 노트, 엽서, 카드 등 여러 형태의 창작물로 선보이는 식이다. 주로 실크 스크린과 리소그래프 인쇄 방식으로 창작을 하는데, 이는 느리지만 지속 가능한 폴카랩만의 철학이 담긴 선택이다.

당초 무용소 작업실을 구하게 된 결정적 계기도 폴카랩 쇼룸을 겸하기 위해서였다. 초기에 디자인 스토어를 담당한 아내는 내실 있게 폴카랩 작업을 이어갔다. 다른 브랜드와 협업을 하고, 캘린더를 제작하고, 여러 편집숍에 입점 제안을 받는 등 아내가 조금씩 폴카랩을 성장시키는 과정을 곁에서 지켜보며 놀라운 마음이 들 때가 많았다. 회사로 다시 복귀를 한 뒤로는 이전만큼 작업을 할 수 있는 시간이 부족해졌지만,

폴카랩
여행을 패턴으로 기록하는 브랜드다.
포르투갈의 아줄레주 타일에서 받은 영감을 시작으로,
콩기름 잉크를 사용하는 리소그라프 인쇄와
실크 스크린 기법을 통해 느리지만 지속 가능한 방식을
지향하며 작업을 이어가고 있다.

아내는 여전히 폴카랩의 성장을 고민하며 틈틈이 작업을 이어가는 중이다.

아줄레주 패턴은 분명 흥미로운 측면이 많다. 13세기부터 15세기까지 이베리아 반도 남쪽을 무어인이 정복했고 그들의 건축 양식이 지역 곳곳에 이식됐다. '윤이 나는 돌'이라는 의미의 아줄레주 타일 장식은 스페인의 세비야에서 두드러졌는데, 포르투갈 마누엘 1세가 세비야를 방문하면서 타일 장식에 단단히 매료됐다. 이를 포르투갈에 적극적으로 받아들이기로 했고, 그 시초가 신트라 왕궁이다. 이후 포르투갈에서는 리스본과 포르투 등 주요 도시는 물론, 사그레스 등 남부 알가르브 지역까지 아줄레주가 건축의 중요한 요소로 자리 잡았다. 아줄레주는 무어인에 의해 탄생했지만 이를 하나의 양식으로 꽃피운 곳이 포르투갈인 이유다.

무용소가 운영을 종료하기 직전, 폴카랩과 협업한 팝업 전시를 기획했다. '가상의 리스본 선물 가게'라는 콘셉트로 폴카랩의 아줄레주 패턴 창작물과 제품을 진열했다. 포르투갈 여행의 기억이 담긴 소품과 사진을 전시하고, 바 테이블에서 포트 와인과 몇몇 위스키를 마실 수 있도록 팝업 메뉴를 구성하기도 했다. 우리 부부에게 터닝 포인트가 되었던 포르투갈이 주인공이었고, 무용소를 처음 열었을 때로 돌아간 것 같아 더욱 각별한 팝업 전시였다. 한동안 나홀로 운영하며 칙칙한 작업실로 변모했던 무용소는 폴카랩의 아줄레주 패턴들과 함께 어느 때보다 컬러풀하게 마지막 시간을 보낼 수 있었다.

폴카랩은 아내와 나를 연결시키는 일종의 가교 역할을 하기도 한다. 폴카랩의 패턴 작업을 위해 여행을 떠날 테고, 그 여행의 동행자는 아무래도 내가 될 확률이 높으니까. 여행을 다녀온 이후 내가 글과 사진 혹은 영상으로 콘텐츠를 만들 때 아내는 여행의 기억을 조합해 패턴을 그린다. 아직 모호한 단계지만 이런 우리 둘의 여행 작업을 하나로 엮을 수 있는 책을 만들어볼까 구상 중이다. 어쩌면 이는 무용소가 다음 챕터에서 나아가야 할 방향에 중요한 단서가 될 지도 모를 일이다.

홈가竟의 아줄레주 패턴을 다룬 '가슴이 리스본 선물 가게' 팝업 전시.

아줄레주

홍카렐의 첫 아줄레주 패턴으로 만든 노트 4종.

국화방앗간과 협업으로 탄생한 들깨꽃 패브릭.

아줄레주

'아일랜드 풍경의 맛' 전시를 위해 제작한 미니 가방.

포르투갈의 패턴을 바탕으로 완성한 캘린더.

아줄레주

보사노바

다소 뜬금 없는 고백 같지만, 내가 좋아하는 영화 중에는
짐 자무시 감독의 〈패터슨〉이 있다. 버스 기사로 일하는
패터슨이라는 남자가 패터슨이라는 동명의 미국 소도시에서
보낸 일주일을 따라가는 영화다. 패터슨은 매일 정해진
경로를 따라 운전을 하고 정해진 시간에 시를 쓰고 퇴근을 한
뒤에는 정해진 길을 따라 개를 산책시키다 단골 바에 들러
맥주를 마시며 하루를 마무리한다. 자신만의 루틴을 고수하며
담담하게 일상을 반복하는 패터슨의 삶은 묘한 위로를
건네 주었다.

    나 역시 패터슨처럼 나름의 루틴을 지키며 무용소에서
시간을 보냈다. 오전에 출근을 하면 일단 공간 정리를 하고
드립 커피를 한잔 내렸다. 그런 다음 오늘 듣고 싶은
LP를 골라 턴테이블에 올리면 비로소 하루가 시작되는 기분이
들었다. 무용소를 운영하며 내가 원하는 음악을 마음껏
들을 수 있다는 사실은 은근한 즐거움이었다. 공간을
채우기에 적당한 음량의 스피커를 설치하고 집에서 사용하던
턴테이블도 가져다 두었다. 의욕이 충만한 초기에는
LP만을 고수했는데, 이후에는 스트리밍 서비스를 이용하는
빈도가 차츰 늘었다. 그럼에도 무용소에서의 첫 음악은
어떤 의식을 치르듯 LP를 골라 들었다.

    개인적으로 몇 안 되는 수집품 중 보사노바 레코드가
있다. 출장이나 여행으로 해외에 나갈 일이 생기면 레코드
숍을 일부러 찾았다. 국내보다 가격도 저렴하고 희소한
앨범을 발견할 확률도 높기 때문이다. 라틴아메리카나 월드

뮤직 섹션을 살피다 보사노바 뮤지션의 앨범이 보이면 고민 없이 구입을 했다. 다른 LP 수집가들과 비교할 수 없지만 그간 모은 LP의 절반 가까이를 브라질 뮤지션의 앨범으로 채우게 된 이유다. 이는 무용소에서 선곡한 음악 중 보사노바의 비중이 높은 이유이기도 했다.

보사노바는 1960년대 브라질 리우데자네이루에서 탄생해 짧고 굵게 음악사에 흔적을 남긴 장르다. '뉴 웨이브'라는 뜻으로 언뜻 재즈 넘버와 비슷하지만 브라질의 삼바 리듬이 감미롭게 가미되어 있다. 삼바를 기반으로 어쿠스틱 기타와 피아노 연주로 특유의 박자와 멜로디를 만들어 하나의 장르가 완성됐다. 보사노바의 강력한 매력 중 하나는 역시 포르투갈어로 읊조리듯 부르는 보컬에 있다. 주앙 질베르투 (João Gilberto)나 안토니우 카를로스 조빙(Antonio Carlos Jobim), 카에타누 벨로주(Caetano Veloso) 같은 보사노바 대가들의 보컬에는 오묘하게도 새소리 같은 간질간질한 호흡이 느껴진다. 이는 리우데자네이루의 포르투갈어 성조 자체에서 느껴지는 특유의 리듬이 한몫한다. 보사노바는 초기 브라질 뮤지션들의 활동 이후 명맥을 잇기 보다 당대의 오리지널 넘버를 차용하는 방식으로 유지되고 있다. 그야말로 음악사에 있어서 신기루 같은 장르인 셈이다.

무용소에서 보사노바 음악을 들으며 기회가 닿으면 한 번쯤 음감회 같은 모임을 시도해보고 싶었다. 그러던 중 나보다 더 열성적인 보사노바 수집가의 존재를 알게 됐다. 도쿄의 음악과 문화를 콘텐츠로 전하고 있는 도쿄다반사.

그들이 낸 책을 흥미롭게 읽으며 관심을 갖게 됐는데, 마침 도쿄에서 수집한 보사노바 레코드로 음감회를 열고 싶다는 SNS 피드를 발견했다. 혹시나 하는 마음으로 제안 메일을 보냈다. 도쿄다반사 팀은 빠르게 답변을 줬고 무용소에서 미팅을 한 뒤 일사천리로 보사노바 음악을 주제로 한 작은 팝업을 열기로 했다.

그렇다면 도쿄와 보사노바가 어떤 연관이 있는 걸까? 일본은 오랜 기간 브라질과 밀접한 관계를 맺었고 양국의 이민자 교류도 상당했다. 일본이 다른 어느 나라보다 보사노바 음악을 폭 넓게 향유한 이유다. 도쿄에서 규모가 큰 레코드 숍에는 브라질 음악 섹션이 별도로 마련되어 있을 정도. 나 역시 일본에 갈 때마다 레코드 숍을 찾아 보사노바 음반을 구입하곤 했다.

도쿄다반사 팀이 도쿄에서 수집한 보사노바 컬렉션은 나와 차원이 달랐다. 일단 1960년대에 발매된 오리지널 바이닐을 비롯해 희귀 컴필레이션 앨범과 내가 그간 몰랐던 미국 재즈 뮤지션들이 브라질에서 레코팅한 앨범, 마리아 크레우자 같은 여성 보컬리스트 앨범 등 컬렉션의

도쿄다반사
도쿄의 문화와 음악을 중심으로 콘텐츠를 만들고 전하는 기획팀으로 서울을 기반으로 서울과 도쿄의 접점을 만드는 다양한 문화 콘텐츠 프로젝트를 진행한다. 한국과 일본의 미디어에 라이프스타일 기사를 제공하고, 도쿄의 라이프스타일, 문화계 명사들과 함께 연재글을 기획/게재한다.

내공이 상당했다. 이 중에서 12개의 레코드를 선별해
'도쿄 + 보사노바 리스닝 바' 팝업을 진행하기로 했다.
도쿄다반사가 수집한 보사노바 레코드를 턴테이블에 올려
음악을 틀고, 내가 도쿄 여행 중 경험했던 하이볼을 선보이는
팝업 바. 도쿄의 어느 후미진 골목에 자리한 가상의
보사노바 바를 구현하는 형식이었다. 도쿄다반사는 시간대를
고려해 초저녁부터 늦저녁까지 무드에 맞춰 보사노바
음반의 순서까지 섬세하게 배열했다. 팝업이 종료하는 날에는
도쿄다반사와 함께 신청자들을 대상으로 작은 음감회도
열었다. 그들이 도쿄에서 고른 음반에 얽힌 이야기를 듣고
음악을 감상하는 자리. 음감회가 열리던 날, 보사노바
사운드가 무용소의 공간을 그윽하게 채우며 청량한 초여름의
무드를 완성시켰다. 매일 같이 보사노바 앨범으로 무용소에서
하루를 시작하던 나에게도 더없이 특별한 여름날이었다.

도쿄다반사와 진행한 '도쿄 + 보사노바 리스닝 바' 탐오.

도쿄다반사가 도쿄와 음악에 관해 쓴 책도 진열했다.

보사노바

보사노바 추천 앨범

도쿄다반사가 음감회 때 준비한 플레이리스트를 소개한다.
초저녁부터 밤까지 듣기 좋은 순서로 배열했다.

**Roberto Menescal E Seu Conjunto -
A Nova Bossa Nova (1964, Elenco)** [SIDE A]

보사노바의 수많은 명곡을 만들어낸 로베르투 메네스칼의
'Bossa Nova'라는 타이틀이 붙은 앨범. 뜨거운 여름 열기를
식혀주는 듯한 경쾌하고 청량한 음악들이 담겨져 있다.
1960년대 보사노바를 대표하는 아름다운 커버 아트워크로
유명한 엘렌코 레이블의 디자인도 근사하다.

Marcos Valle - Samba '68 (1968, Verve) [SIDE A]

재즈에서 마일스 데이비스(Miles Davis)가 있다면
보사노바에서는 마르코스 발레가 있지 않을까 하는
생각을 자주 한다. 현재도 왕성히 활동하고 있는 브라질을
대표하는 싱어송라이터의 보사노바 명반이다. 보사노바가
미국의 팝 사운드와 만나던 시기의 분위기를 느낄 수 있다.

V.A. - Festival Da Bossa (1965, Som Maior)
[SIDE B]

보사노바나 삼바를 재즈 트리오나 퀄텟 편성으로 연주하는
뮤지션들이 1960년대 중반에 브라질에서 등장하기 시작한다.
'재즈 삼바' '재즈 보사'라고 불리는 당시 이런 음악들을
발매한 대표적인 레이블인 솜 마이어의 컴필레이션 앨범으로
7인치 싱글로만 발매된 귀중한 음원들이 수록되어 있어서
DJ들에게도 인기인 레코드다.

Le Trio Camara - Le Trio Camara (1968, Saravah)
[SIDE A]

피에르 바루(Pierre Barouh)가 발굴해서 자신의 인디 레이블에서 발매한 프랑스산 재즈 삼바 트리오의 명반. 1960년대에 등장한 세련된 형태의 재즈 트리오 연주 중 하나로 카페, 바, 호텔 등 어느 장소에서나 잘 어울리는 분위기를 만들어준다.

Os Cariocas - A Arte De Os Cariocas (1988, Philips) [SIDE A]

브라질에서 등장한 초기 보사노바의 특징 중 하나인 남성 4인조, 여성 4인조와 같은 코러스 그룹의 목소리로 노래하는 보사노바 앨범. 부드러운 음색의 목소리는 이파네마나 코파카바나의 해변의 파도로 데려다주는 것 같다. 1980년대에 나온 앨범이지만 A면은 1962년에 발매된 'A Bossa Dos Cariocas'의 수록곡이다.

Herbie Mann - Do The Bossa Nova (1962, Atlantic)
[SIDE A]

보사노바의 탄생은 1958년으로 보고 있다. 1960년대가 되면 보사노바를 들은 미국의 재즈 뮤지션들이 리우데자네이루로 건너가 현지 뮤지션들과 레코딩을 하는 모습을 당시의 레코드로 발견할 수 있다. 재즈 플루트 연주자인 허비 만이 이 시기에 남긴 보사노바 대표작이다.

**Stan Getz & Joao Gilberto - Getz/Gilberto
(1964, Verve)** [SIDE A]
설명이 필요없는 보사노바의 대표작. 누구나 한 번쯤은
접해본 앨범이지만 생각보다 앨범 전체를 들어봤다는
음악 팬을 찾기 어렵기도 하다. 도쿄 시부야의 한 보사노바
바에서는 하루에 한 번은 꼭 틀고 있는 레코드이기도 하다.
마스터는 지금도 전혀 싫증 나지 않는 앨범이라고
이야기한다.

**Stan Getz & Charlie Byrd - Jazz Samba
(1962, Verve)** [SIDE B]
미국에서 보사노바 붐을 일으킨 계기가 된 주인공.
'Getz/Gilberto'의 원형을 찾는다면 바로 이 앨범에
수록된 곡이 아닐까 하는 생각도 든다. 또한 PHARCYDE,
FUNKY DL과 같은 힙합 뮤지션들의 샘플링에 사용된
곡도 다수 수록되어 있어서 지금 시대의 보사노바 팬들에게
추천하는 앨범이다.

Wanda De Sah - Softly (1965, Capitol) [SIDE A]
초기 보사노바의 뮤즈 완다 데 사의 대표작이다.
부드럽고 따스한 목소리로 노래하는 보사노바의 대표곡들이
담겨 있어서 하루의 일과를 마치고 편안하게 휴식 시간을
가지면서 듣고 싶은 앨범이다.

**Doris Monteiro - Serie Coletanea Vol.3
(1974, Odeon)** [SIDE A]

도쿄에서도 서울에서도 지금 바에 가장 잘 어울리는
보사노바 보컬의 앨범을 추천한다고 하면 도리스 몬테이로의
1960-70년대의 작품들을 고를 것 같다. 낭만과 애수가
어우러진 목소리를 지니고 있는 주인공이 1960-70년대
오데온 레이블에서 발표한 앨범과 싱글에 수록된 곡들을 모은
컴필레이션 앨범이다.

Maria Creuza - Meia Noite (1977, RCA Victor)
[SIDE A]

'한밤중' '자정'이라는 뜻을 가지고 있는 마리아 크레우자의
1977년 발매작. 삼바 칸사웅이라고 하는 1940년대
라디오 전성기에 유행한 풍성한 성량의 목소리는 도시의
밤 공기와 잘 어우러지는 느낌이 든다. 깊은 밤을 향해가는
시간에 듣고 싶은 앨범이기도 하다.

Antonio Carlos Jobim - Stone Flower (1970, CTI)
[SIDE A]

안토니우 카를로스 조빙의 3부작 중 하나로도 유명한
앨범이다. 미국이라는 필터를 거쳐서 세계로 발신된
보사노바 앨범에서는 찾기 힘든 '여백'이 있는 음악이 담겨
있다. 음악과 닮은 커버 아트워크도 인상적이다.

에
디
터

누군가 내게 직업을 물어보면 에디터라 답하곤 한다. 더는 매체에 적을 두고 있지 않고, 프리랜서로 외고나 취재, 기획 같은 일을 드문드문 하는 형편이지만 다른 직업을 대기도 참 궁색하다. 커리어의 8할 이상을 에디터란 직함으로 채워왔고, 앞으로 로또 당첨 같은 극적인 터닝 포인트를 만나지 않는 한 에디터의 영역 어딘가를 배회할 듯하다.

에디터란 직업은 어떻게 정의할 수 있을까? 글과 사진, 디자인을 종합적으로 조율하는 편집자? 자신만의 관점으로 결과물을 완성하는 사람이라 덧붙이면 너무 거창한 수사일까? 그럼에도 요즘처럼 누구나(심지어 AI까지) 손쉽게 콘텐츠를 만들고 편집이 가능한 시대에 에디터로 생존하기 위해서는 남다른 관점과 감각을 지녀야 함이 분명해 보인다.

무용소를 연 이후에도 나는 에디터의 업을 이어갔다. 2021년 봄에는 새로이 창간하게 된 라이프스타일 매거진 〈파인더스〉 편집장을 맡아 연희동의 공유 오피스로 출근을 했다. 2호까지 발행한 뒤 여러 사정으로 휴간을 하게 됐지만, 잡지 제작의 갖은 시행착오를 경험했던 그 시간은 나름 소중한 자산으로 남았다. 이후에는 현대카드의 콘텐츠 플랫폼 〈DIVE〉 편집장을 맡아 다소 생소한 디지털 콘텐츠 제작을 경험하기도 했다. 앱 기반 플랫폼이기에 편집 영역이 종이 잡지와 다르지만 고정된 프레임 안에서 나름의 가이드라인을 지키며 편집하는 묘미가 남달랐다. 비정기적으로 이따금 잡지사로부터 청탁을 받아 원고를 기고하거나 객원 에디터로 인터뷰를 진행하기도 했다. 무용소 운영을 하는 동시에

틈틈이 에디터 일을 병행하는 N잡러의 삶을 이어가게 된 셈이다.

　나는 여전히 잡지를 좋아한다. 사진과 글, 디자인 요소를 조합해 저마다 다른 판형과 편집으로 엮어낸 종이 잡지라는 물성 자체에 애정을 갖고 있다. 물론 내가 굳이 언급하지 않더라도 종이 잡지 산업의 위기는 어제 오늘의 일이 아니다. 잡지의 근간이 되어야 할 광고 시장이 극단적으로 축소됐고, 고정 독자층은 사실상 사라졌으며, 인력도 대부분 디지털 매체로 옮겨간 지 오래다. 요즘 시대에 종이 잡지는 그저 소수의 취향을 공유하거나 요식 행위에 가까운 디자인 소품으로 전락했다고 봐도 새삼스럽지 않다.

　나는 디자인이 독특하거나 호기심이 동하는 주제를 다룬 잡지가 나오면 모으는 편이다. 참고 자료 삼아 구입한 것이 태반이지만, 어느 순간부터 순수한 수집의 영역으로 넘어간 것 같기도 하다. 그런 탓에 무용소에는 내가 모은 잡지들을 여기저기 비치해 뒀다. 잡지와 위스키의 상관관계가 무엇일까 고민이 들기도 했지만, 무용소에서 위스키를 홀짝이며 잡지를 들춰 보는 사람을 만날 때면 괜한 동질감을 느꼈다.

　그러다 불쑥 엉뚱한 아이디어가 떠올랐다. 그간 무용소에서 작은 전시를 열고, 브랜드와 팝업 이벤트도 진행했는데, 이 참에 특정 주제로 기획을 해 무용소를 일종의 잡지처럼 운영해보면 어떨까 싶었다. 정기적으로 주제를 정해 그에 어울리는 시각 콘텐츠를 비롯해 음악, 영상, 위스키 메뉴, 굿즈 등을 공간 곳곳에 채우는 방식. 마침 아내가 포스터나 인쇄물 등 전반적인 디자인 작업을 담당해줄 수 있을 테고. 여기에 옛 잡지사 후배 에디터가 파트 타임으로 무용소 운영에 힘을 보태기로 한 타이밍이었다.

그리하여 2023년 1월, 첫 번째 프로젝트를 야심차게 띄웠다. 일러스트레이터 영민 작가와 함께하는 '스코티시 쿠키 앤드 북 숍(Scottish Cookie & Book Shop)'. 영민 작가가 스코틀랜드의 쿠키를 주제로 콜라주한 독립출판물 「쇼트브레드 다이어리」를 모티프 삼아 무용소를 가상의 스코틀랜드 쿠키 상점과 헌책방으로 꾸미는 콘셉트였다. 이곳에서 작가의 감각적인 콜라주 작품을 감상하고, 홍차와 쇼트브레드 그리고 위스키를 즐기며 실제 스코틀랜드 현지의 분위기를 경험하도록 하는 방식. 그간 무용소에서 진행했던 전시와 팝업 바를 어느 정도 절충한 셈이다. 프로젝트를 함께한 영민 작가는 의욕이 한껏 충만했다. 직접 스코틀랜드에서 쿠키를 직구로 준비하고, 팝업을 위해 엽서와 메모지, 키링 등 굿즈도 제작했다. 또 평소 작가의 콜라주 작업을 궁금해하는 사람들을 위해 함께 모여 노트를 만들어보는 미니 워크숍도 마련했다.

영민
일러스트레이터 겸 작가. 마음이 가는 것들을 수집하며
보고 느낀 것들을 다양한 형식으로 기록한다.
『당신의 포르투갈은 어떤가요』, 『당신의 치앙마이는
어떤가요』를 출간했고 「쇼트브레드 다이어리」,
「ARCTIC CIRCLE」 등 다양한 독립출판물을 제작했다.

두 번째 프로젝트는 앞서 소개한 것처럼 김종관 감독 영화를 테마로 선보인 '더 테이블(The Table)'이었다. 프로젝트 형식으로 운영을 하니 무용소가 단순히 위스키를 마시는 공간에 머물지 않고, 여행과 문화를 색다른 방식으로 경험해보는 장소로 각인됐다. 무엇보다 무용소를 찾아오는 방문객의 숫자가 눈에 띄게 늘었다. 그 이전까지는 근근이 마이너스를 면할 정도로 미미한 수익을 내던 상황이었기에 이는 분명 반가운 변화였다.

하지만 다른 지점에서 고민거리가 생겼다. 그야말로 잡지 마감을 하듯 기획을 하고, 공간을 세팅하고, 방문객에게 안내를 하고, 또 다시 기획에 매달리는 일이 반복되니 잡지사의 마감 못지않은 에너지가 소모됐다. 이는 오로지 무용소에 몰입해야만 가능한 일이었다. 하지만 에디터 일을 병행하는 나를 포함해 본업이 있는 아내와 후배 모두 그럴 만한 상황이 아니었다. 지속 가능한 운영 방식을 고민하던 중 갑자기 외부 일까지 몰리면서 결국 프로젝트 기획은 잠정적으로 중단해야만 했다.

그 이후 무용소는 다시 원래 자리로 돌아왔다. 기본적으로 나의 작업실이자 위스키 시음실. 운영 시간은 저녁 7시까지로 단축했다. 어느 순간 본업으로 여기는 에디터의 역할에 좀 더 집중하고 싶었던 것 같다. 에디터와 공간 운영자. 두 가지 일을 병행하기란 쉽지 않음을 그 무렵에 절감했다.

결국 무용소는 임대 계약이 만료되는 2024년 8월까지만 운영을 하기로 결정했다. 남은 기간 동안에는 그간 구상만

하고 미뤄둔 일을 진행해 보기로 했다. 그 중에는 동료 에디터들을 조명하는 '에디터의 토크' 프로젝트도 있었다. 사실 에디터가 전면으로 나설 일은 드물다. 인터뷰어나 기사 작성자로서 지면에 이름을 올리거나 프로젝트 뒤에 머무는 순간이 대다수다. 그렇기에 몇몇 주목할 만한 에디터들이 만들어낸 결과물을 소개하고 그 뒷이야기를 듣는 자리를 마련하고 싶었다. 이는 무용소와 나 자신의 방향성을 모색하는 자리이기도 했다.

첫 번째 토크의 주인공으로 서재우 에디터를 섭외했다. 〈매거진 B〉 등 피처 에디터로 활동하다 프리랜서로 독립해 '일렉트로닉 에스프레소' 프로젝트를 진행하던 이였다. 소설가, 사진가, 시인, 음악가 등과 협업해 장르를 넘나들며 zine과 전시를 결합한 그의 실험적인 프로젝트는 내가 고민하고 있는 무용소 공간 운영에 어떤 힌트를 제시하는 듯 보였다. 당초 일면식이 없던 서재우 에디터와 만나 이런저런 대화를 나눈 끝에 작은 전시를 겸한 토크를 진행해 보기로 했다. 그리하여 그가 만들어 온 '일렉트로닉 에스프레소'의 결과물들을 무용소에서 전시 형태로 풀어내고 토크 세션 또한 마련했다.

서재우
2008년부터 2022년까지 〈매거진 B〉 등에서 피처 에디터로 활동했다. 이후 독립해 '일렉트로닉 에스프레소'란 이름으로 다양한 분야의 이들과 협업해 창작물을 선보이고 있으며, 콘텐츠에 필요한 기획, 취재, 기사 작성 등을 하는 중이다.

두 번째 토크 때는 〈파인더스〉 매거진에서 인터뷰를 통해 알게 된 박찬용 에디터를 섭외했다. 그는 내가 생각하는 이상적인 에디터의 면모를 갖춘 이였다. 주도면밀한 리서처이자 인터뷰어이고 기존 잡지의 문법 안에서 자신만의 스타일을 만들어냈다고 생각했다. 몇 번의 사적인 만남에서 그는 대체로 종이 잡지를 비관했지만 또 잡지의 다음을 누구보다 치열하게 고민하고 있었다. 그가 프리랜서로 일하며 취재했던 국내 식음료 제조 현장을 다룬 책 『모던키친』을 주제로 토크를 열었다.

두 차례 에디터의 토크 프로그램을 진행한 이후, 나는 무용소의 방향성에 관한 고민을 좀 더 진중하게 이어가게 됐다. 이는 프리랜서로 연명해야 하는 나 자신의 미래와도 맞닿은 일이었다. 내가 에디터로서 본업에 충실하고 싶은 갈증이 크다는 사실을 확인했다. 공간을 운영하는 역할은 여기까지로 충분하다는 판단과 함께. 앞으로는 출판과 디지털 미디어를 넘나들며 콘텐츠를 기획하고 만드는 일에 보다 집중해 보기로 했다. 그리하여 무용소를 콘텐츠 중심의 출판 브랜드로 전환해야겠다는 결론에 이르렀다. 물론 앞선 작업실이 그랬던 것처럼 기존 출판사들과는 조금 다른

박찬용
〈크로노스〉, 〈에스콰이어〉, 〈매거진 B〉 등에서 에디터로, 〈아레나 옴므 플러스〉에서 피처 디렉터로 일했으며, 『첫 집 연대기』 『모던 키친』 등 대도시의 라이프스타일과 소비생활에 관한 책을 꾸준히 내고 있다.

방식으로 운영하게 될 듯하다. 방향성이 완전히 달라졌기에 브랜드의 이름을 새롭게 지어야 하나 고민이 들기도 했지만 결국 같은 이름으로 이어가 보기로 했다. 사실 기존의 무용소도 하나의 맥락으로 정리가 되는 장소는 아니었으니. 무용소의 다음 챕터가 어느 정도 궤도에 오르고 여러 활동을 벌이게 된다면 『무용백서』 2편을 제작할 날이 올지도 모를 일이고. 어쨌든 이 책이 무용소의 전환을 알리는 첫 시도인 건 분명하다.

무용손에 탁구대 테이블이 생기면서 달라진 모습들.

에디터

2022년 가을, 인센스 브랜드 '콜린스'와 팝업을 진행했다.

염민 작가와 함께 준비한 '스코티시 쿠키 앤드 북숍' 전시.

에디터

서재우 에디터의 '일렉트로닉 에스프레소' 전시 현장.

답사 전시 도중에는 워크숍, 토크 등의 프로그램도 마련됐다.

무용소는 팝업 전시와 이벤트가 있을 때마다 내외부를 다르게 꾸몄다.

에디터

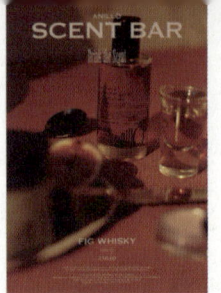
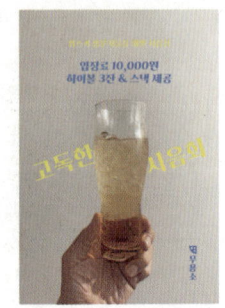

무용소 연표

2020.08.17	임대차 계약
2020.10.10	사업자 등록
2020.10.17	공간 오픈
2020.11.29	고독한 시음회
2021.04.23	예약제 위스키 시음실 오픈
2021.06.21-07.25	깔루아 팝업
2021.10.16-10.17	무용장 플리마켓
2021.12.26	위드위스키 세미나
2022.03.25-04.17	〈하일랜드 풍경의 맛〉 전시
2022.07.20-07.31	콜린스 팝업
2022.11.23-12.04	아닐로 팝업
2022.12.15-12.17	오마이오이스터 팝업
2022.12.23	어나더 위스키 나이트
2022.12.22-12.24	무용장 플리마켓
2023.01.06-01.29	영민 작가 전시
2023.03.10-04.08	김종관 감독 전시
2023.12.08-12.16	오마이오이스터 팝업
2024.03.01-03.08	무라카미 하루키 팝업
2024.03.16-04.13	서재우 에디터 전시
2024.04.17-05.19	클래식 음악실 대관
2024.06.12-06.22	도쿄다반사 보사노바 팝업
2024.07.20	박찬용 에디터 토크
2024.07.27-08.10	폴카랩 전시
2024.08.10	무용장 플리마켓
2024.08.16	임대차 계약 종료

추천의 말

김종관(영화감독)

마을버스가 지나는 좁은 서촌 골목에, 4년간 작은 바 하나가
있었다. 동네 한 자리를 묵묵히 지켜온 지 오래였지만,
그 길을 자주 오가는 누군가는 그 공간의 정체성을 끝내 알지
못했을지도 모른다.

낮은 조도 아래 보사노바가 흘러나오는 그 바는
겉으로 보아 용도를 쉽게 짐작하기 어렵다. 어떤 날은 숍 같고,
또 어떤 날은 전시 공간처럼 느껴지기도 하며, 때로 술을 파는
바처럼 보인다. 게다가 선뜻 들어서기 어려운 특유의
프라이빗한 분위기까지 더해져, 호기심이 크지 않은 이에게는
그 문을 여는 데 적잖은 용기가 필요했을 것이다. 또 문이
닫혀 있는 날도 많아, 그 공간을 우연히 마주치는 것 자체가
하나의 행운이 될 수도 있다.

다행히 무용소의 인스타그램을 팔로우하고 있다면,
그곳에서 위스키를 시음할 수 있고, 다양하고 흥미로운 기획이
펼쳐지고 있다는 사실도 알 수 있다. 아마도 내가 가장 많이
본 주인장의 포스팅은 "오늘은 특별한 사정으로
쉬어갑니다"라는 공지이지만.

이토록 술집으로서의 본분이 없는 게으른 술집이기도
했지만, 나는 무용소를 사랑했다. 그곳의 문이 열리는 날이면,
난 마치 테이블 위 소품처럼 그 어딘가에 조용히 앉아 있었다.

작업실 발치에 있는 그 공간까지 걸어가, 잠시 머물고, 위스키 한두 잔을 조용히 홀짝이다가 돌아오는 것이 내 나날이었다.

누군가에게 나의 단골 바를 소개할 때면, 나는 종종 도쿄 기치조지를 들먹거렸다. 그 바에 들어서면 기치조지 어딘가에 들어선 것 같다고. 기치조지에 별다른 추억이 없는 나이지만 무용소는 실제 그런 느낌을 주었다. 과하게 멋 부린 것 없이 동네의 포근함과 이국을 떠돌다 만난 것 같은 낯설음을 선물했다.

전직 여행 잡지 에디터가 만든 공간답게, 그 안에는 역마살이 느껴졌고, 이곳이 잠시 머물 오아시스라는 예감이 들었다. 이윤을 따지지 않는 저렴한 위스키 가격도, 술집 운영에는 적합하지 않은 극내향적인 주인장도, 이곳이 지속 가능한 공간은 아니라는 사실을 직감하게 했다.

그 찰나의 아름다움을 지닌 무용소는 내가 사랑하는 서촌과도 닮아 있었다. 동네의 낮은 지붕을 오랜 세월 감싸고 있는 기와들처럼, 한시적이지만 아직은 내가 경험할 수 있는 아름다움이 있었다.

빠른 속도로 달리는 현대 서울이라는 공간 속에서 살아남기 힘든 장소들이 있다. 모두가 같은 꿈을 꾸고, 같은 형태의 집에 살고 싶어하며, 같은 실용의 가치를 가지면서 약간은 특별한 가치를 믿는 사람들이 쉴 수 있는 공간들이 사라진다.

속도가 조금 다른 공간도, 조도가 조금 낮은 공간도, 그저 내향적이고 수줍은 공간도 소중하게 여기는 사람이 많아졌으면 좋겠다는 생각이 든다. '무용'의 쓸모를 고민하며 잠시 머문 무용소를 기억하는 누군가가, 혹은 이 책을 통해 무용소를 처음 알게 된 독자들이 저마다의 오아시스를 발견하며 살아가기를 바란다.

사실은, 무용하지 않은 다양한 용도들이 빛을 발할 수 있도록.

무용백서

글
고현

사진
고현, 윤진영, 박신우, 김종관

디자인
2mm

인쇄
가람미술

발행처
무용소 mooyongso

발행일
2025년 8월 20일

ISBN
979-11-994022-0-1 (03810)

무용소
제2022-000065호(2022년 4월 6일)
서울시 종로구 옥인길 69, 2층
mooyongso.co.kr
mooyongso1010@gmail.com

이 책에 수록된 글과 이미지의 저작권은 무용소에 있습니다.
저작권법에 의해 보호받는 저작물이므로 무단 전제 및 복제를 금합니다.